Moi-même quand je suis jeune,

confessions

Alec Waugh

Writat

Cette édition parue en 2024

ISBN : 9789361469107

Publié par
Writat
email : info@writat.com

Contenu

je

Si la majorité de ses amis vivent à Kensington et Bloomsbury, et si l'on aime sortir le soir, il faut vivre quelque part à mi-chemin entre ces deux extrémités du charme et de la culture. Avec l'acceptation de chaque nouvelle invitation, je suis de plus en plus amené à comprendre qu'il n'y a pas de plus grand obstacle au plaisir d'une soirée que la connaissance que l'on a à la fin de celle-ci pour se rendre à Golders Green. Si agréable que soit la compagnie, si abondante que soit l'hospitalité, il arrive toujours ce moment où l'on est obligé de peser les dépenses d'un taxi avec le degré de divertissement que l'on peut tirer du refus de se laisser déranger par les sirènes du dernier métro.

Il est midi vingt-cinq minutes ; dans treize minutes, les volets de la gare de Warren Street seront baissés. Vous sortez de votre confort rembourré. Vous informez votre hôtesse qu'il est très tard, que vous êtes très occupé en ce moment, que vous devez vous lever tôt le matin, que vous sentez vraiment que le moment est venu. Mais vous complétez rarement vos explications. « Oh, mais non, vraiment ; n'est-ce pas ? elle dit. « Vous pouvez sûrement rester un peu plus longtemps. J'attends « untel » et « untel » d'un moment à l'autre. Ils ont promis fidèlement qu'ils viendraient. Ils seront terriblement déçus s'ils découvrent que vous êtes parti. Votre vanité se range devant votre prudence. Vous vous rappelez qu'un taxi ne coûtera que dix shillings ; vous réfléchissez à quelle vitesse, en écrivant combien de mots supplémentaires vous pourrez gagner cette somme le lendemain matin ; vous vous souvenez d'une platitude classique à propos d'un navire et d'une petite quantité de goudron ; vous hésitez ; et quelle que soit la manière dont vous décidez, vous finirez par regretter votre choix. Si vous restez, il est plus que probable que les propriétaires des noms distingués qui vous étaient présentés comme un appât ne viendront jamais du tout ; ou, s'ils le font, ils arriveront épuisés par un divertissement précédent et resteront assis silencieux et inaccessibles dans un coin. Il y a de fortes chances que l'on découvre que le dernier siphon est terminé. Certes, à une heure et demie, vous ne serez pas d'humeur à échanger avec le chauffeur de taxi ces formalités de réticence et de sollicitation qui s'imposent à tous ceux qui habitent au nord de Marlborough Road.

Avec lassitude, vous lui direz « 145 North End Road ». "Fulham?" sera sa réponse. « Golders Green », lui répondrez-vous. "Oh, monsieur!" et il vous dira combien il est tard, combien il a froid et qu'il doit retourner à Balham ou Brixton ou Upper Clapton. Un jour je pense dire « Fulham » pour le simple plaisir d'apprendre que les cabriolets taximètres peuvent être garés à Barnet ou Finchley ou St Albans. En fin de compte, comme toujours, vous lui assurez que cela en vaudra la peine ; et tandis que vous vous enfoncez dans le siège mal suspendu et mal rembourré, vous vous demandez quelle folie vous a persuadé de rester cette heure supplémentaire ; vous réfléchissez à la réticence avec laquelle vous vous installerez au travail le lendemain matin ; on réfléchit à l'effondrement du marché littéraire et à l'extrême difficulté de le faire subsister ; vous vous demandez de quel droit vous avez choisi de dépenser dix shillings pour un voyage que vous auriez pu faire pour quatre pence ; c'est ainsi que vous vous souvenez que le héros de votre dernière histoire a déclenché ce processus de dégénérescence inconsidérée dont vous avez si magistralement exposé les détails.

Même si vous serez plus riche de neuf et huit pence, vous ne serez pas moins victime d'autocritique si vous prenez le 12h38 de Warren Street. En remontant avec lassitude North End Road, vous serez assailli par tous ces arguments qui, si vous étiez resté, vous auriez exposé dans le taxi à une grande dérision.

Et c'est dans une telle humeur, après une telle décision, par une soirée de janvier humide et essoufflée, que je rentrai chez moi devant les quelques arbres mélancoliques qui faisaient autrefois partie de la fière avenue le long de laquelle Dick Turpin galopait pour piller. Pourquoi, me demandais-je, avais-je cédé à ces instincts d'économie qui sont le seul héritage que mes ancêtres écossais ont jugé prudent de me doter ? pourquoi, pour quelques sous, avais-je déserté la fête au moment même où elle allait devenir véritablement amusante. Les fêtes sont comme des feux de joie : elles couvent misérablement pendant quelques heures ; ils émettent des colonnes de fumée malodorante et inesthétique ; puis soudain, glorieusement, de manière inattendue, ils éclatèrent dans une splendeur de flammes bondissantes. Une telle transformation était, je le sentais maintenant, sur le point d'inscrire à jamais ce parti dans la mémoire de ceux qui étaient présents au moment même où j'avais décidé de l'abandonner. Harold Scott venait d'arriver du Everyman Theatre. Et qu'Harold Scott, il y a peu de personnes qui peuvent être, quand il le désire, plus encourageantes et plus exaltantes. Il s'était régalé, ce qui n'était pas inapproprié, puisqu'il se faisait passer pour Feste ce soir-là, avec un bénitier de vin, avait été conduit au piano et avait joué les premiers accords de «Another Little Job for the Tombstone Maker». C'était une chanson dont la renommée et le refrain m'étaient souvent parvenus, les paroles jamais ; et pourquoi, me demandais-je, avais-je laissé passer une occasion si agréable de faire leur connaissance. C'est pourquoi, dans un état d'auto-dévalorisation inconfortable, avec précaution pour que le chien n'aboie pas et ne réveille pas la maison, j'ouvris la porte d'entrée et trouvai sur l'armoire à chapeaux, sous la fenêtre, une lettre qui m'était adressée dans un vert vif. enveloppe.

Il n'y a qu'une seule personne qui m'écrit dans des enveloppes vert vif, et je ne vois jamais cette écriture sans un frisson. Quoi qu'il en soit de ma mémoire avec le temps, il est improbable que j'oublie un jour l'excitation que j'ai ressentie lorsque, pour la première fois, j'ai vu cette écriture et que j'ai lu dans la main gauche de l'enveloppe les mots « Grant Richards Ltd. » J'étais à Sandhurst à ce moment-là et la journée avait malheureusement commencé. J'étais apparu tôt au défilé sans cordon et on m'avait demandé de me présenter après le petit-déjeuner au bureau de la compagnie. J'attendais en effet dans le passage d'être conduit devant le major lorsque le courrier arriva, et parmi les lettres jetées au hasard sur la table de l'antichambre, il y avait celle qui m'annonçait que mon premier livre avait trouvé un éditeur. Dans un tel moment, j'aurais accepté avec sérénité toute punition avec laquelle les autorités auraient cru bon de me châtier ; mais même alors, je ne pouvais m'empêcher de lire dans mon licenciement, sans la réprimande qui eût suspendu mon congé de week-end, un heureux augure pour mon livre. Et après six ans, une enveloppe verte est toujours pour moi un symbole de romance ; le miracle peut se répéter. Je ne suis pas d'une nature particulièrement crédule, mais je m'attends toujours à moitié à y trouver une annonce tout aussi sensationnelle ; et, par cette grise soirée de janvier, mon mécontentement fut à sa vue instantanément et merveilleusement dissipé.

La lettre ne contenait cependant aucune offre imprudente pour les droits cinématographiques de l'Amérique ; simplement une enquête encourageante sur mon nouveau roman. «Bientôt», dit-il, «nous préparerons notre liste de printemps et d'été. Ne peux-tu pas au moins nous donner le titre de ton livre ? Mon mécontentement est revenu. Mon roman était à peine plus proche de son dernier chapitre qu'il ne l'était lorsque j'avais discuté de ses perspectives trois mois plus tôt avec Grant Richards. C'est le pire d'un éditeur créatif par opposition à un éditeur de routine. Vous avez eu un déjeuner admirable ; vous vous asseyez dans un fauteuil profond et confortable ; vous fumez une bonne cigarette égyptienne ; un feu flambe joyeusement devant vous ; vos yeux sont agréablement séduits par la décoration à fresques de Sancha, par les photographies sur la cheminée et sur les murs de ceux dont les noms sont apparus de temps à autre parmi les annonces de votre éditeur, et parmi lesquels vous avez plaisir à voir les vôtres bien en évidence : vous vous sentez content, en harmonie, rassuré. Vous commencez à parler de votre nouveau roman. Dans cette atmosphère agréable, cela devient tout à coup très réel pour vous.

"Splendide! splendide!" dit Grant Richards ; "Maintenant, tu me laisseras ça à temps pour le printemps, n'est-ce pas ?" Il tourne le dos à la cheminée, ajuste son monocle et commence à vous parler de l'artiste qui dessinera l'emballage, du tissu dans lequel il sera relié, du type dans lequel il sera imprimé, du type spécial. instructions qu'il donnera à ses voyageurs. Vous quittez son bureau avec le sentiment que votre livre est terminé ; que dans quelques jours il sera présenté à un monde ravi. Votre imagination vous transporte déjà vers votre club et ouvre journal après journal sur lequel vous

vous inclinez devant une volée d'applaudissements critiques. Vous découvrez à travers des canaux confus de mathématiques mentales l'étendue de la fortune qui vous attend et, fort de celle-ci, vous commandez deux nouveaux costumes. Ensuite, vous rentrez chez vous, vous acceptez une invitation à une fête, vous jouez au football, vous révisez un livre, vous lisez quelques manuscrits dans votre bureau et vous transformez en nouvelle une anecdote que vous avez entendue dans votre club ; et au bout de six mois, vous retrouvez votre roman là où vous l'avez laissé, votre facture de tailleur devant vous, et vos redevances paralysées par un processus de rendements décroissants.

À regret, j'ai replacé la lettre dans son enveloppe vert vif. Il y avait encore quelques charbons qui brillaient dans la grille de mon bureau ; la pièce était chaleureuse et gentille et sympathique. Les murs bleu ciel avec la ligne noire profonde qui entoure la porte et sous le plafond, la longue rangée basse d'étagères qui m'avaient si souvent séduit par mon travail, les gravures noires encadrées de Nevinson et Wadsworth, les deux aquarelles de Prout. , le carrelage à motifs de la cheminée et cet éblouissant paravent de Roger Fry que j'avais acheté à la vente d'atelier Omega avec une appréhension si ravie et qui a depuis pris place si discrètement sur un fond de nombreux volumes colorés ; chaque livre, chaque ornement et chaque tableau de la pièce où j'avais passé tant d'heures semblaient m'accueillir avec un sourire d'indulgence affectueuse. « Cela n'a pas d'importance », semblaient-ils dire. « Vous avez été très heureux parmi nous, toutes ces heures passées d'un livre à l'autre, d'une chaîne de souvenirs à l'autre. Vous avez sans doute passé beaucoup de temps à oisiveté en notre compagnie, mais c'était pour que nous souhaitions que vous soyez, et pour autant que nous sachions, vous pourriez être d'autant plus riche de cette oisiveté, plus riche que si vous aviez poursuivi, comme vous l'aviez fait. je prévoyais, les yeux rivés sur le tapis vert de votre bureau, la fortune de votre héroïne vraiment assez lugubre !

Notre étude, parce qu'elle est l'expression de nous-mêmes, de nos goûts, de notre personnalité, devient parfois aussi rassurante, aussi persuasive, que ce fripon confident de l'introspection, un ami que nous pouvons persuader de voir nos échecs à travers nos propres yeux et en termes. de notre propre conscience.

J'ai allumé le feu, j'ai allumé l'interrupteur de ma lampe électrique, j'ai amené mon fauteuil dans le cercle étroit de sa lumière et je me suis arrêté pour me demander avec quel livre, avec quel compagnon je devrais passer l'heure ou deux avant de devrait être suffisamment fatigué pour aller au lit. À une telle heure, on ne peut pas choisir un livre au hasard sur les étagères et lui permettre d'évoquer sa propre série d'émotions. Le livre doit s'adapter à l'ambiance, doit s'y adapter comme les paroles d'une chanson s'adaptent à l'accompagnement. Les divers incidents de la journée, les gens que nous avons vus et à qui nous avons parlé, les mots que nous avons écrits et lus, ont créé peu à peu la nature et l'intensité de l'état d'esprit qui nous envahit à cette heure tardive.

Lentement, j'ai parcouru les étagères du regard. Là, dans le coin du mur, se trouvaient les romans, rangés comme des soldats à la parade, en rangée égale, avec leurs reliures en toile unie et leurs lettres à l'encre – du matériel utile pour la plupart ; façonné pour répondre à un besoin; assez solide pour résister à une batterie de six mois sur les étagères de Smith, Boot et Mudie, et assez fragile pour sombrer ensuite, sans trop de résistance, dans une décomposition sans couvercle et écornée. À côté d'eux, les demy octavos, plus grands, plus fiers et plus exclusifs ; le dos blanc brillant de l'édition limitée George Moore ; les Maupassants minces et attachés en veau ; les lourds et redoutables ouvrages de référence et de critique ; et au-delà d'eux les gais aventuriers ; les nombreuses tailles, les nombreuses couleurs, les nombreuses couvertes ; des pièces de théâtre et des livres de vers, et des volumes d'essais ; « Jurgen », Max Beerbohm et Petronius ; des anthologies, grandes et carrées, trapues et oblongues ; des livres personnels dont la forme et le format sont le fruit de nombreuses réflexions ; pour l'amour de qui de nombreuses pages spécimens, de nombreuses reliures ont été restituées à leur artisan ; et à l'extrême gauche, dans l'ombre du paravent, les livres de cricket, une étagère de réminiscences et d'exhortations ; et en dessous, une longue rangée de *Wisden battus, et à côté d'eux les Lillywhite* rouge rouille décolorés . Une petite bibliothèque, probablement pas plus d'un millier de livres ; mais j'aimerais mieux avoir quelques amis que beaucoup de connaissances, et il n'y a guère de livre ici qui n'ait une signification personnelle.

Et pourtant, ce soir-là, le choix d'un livre ne m'a pas été facile. Je n'étais pas d'humeur à lire un livre qui devrait traiter exclusivement d'un seul sujet ; et je cherchais sans succès le livre qui devait passer d'un thème à l'autre avec désinvolture, de manière irresponsable, comme le fait une conversation. Je me souviens des nombreuses soirées que j'ai passées, fatigué après une journée de travail ou un après-midi de football, à parler, dans un studio d'Edwardes Square, de cricket et de poésie, de vie, de littérature et d'amour ; pensant à quelle vitesse les heures s'étaient écoulées alors que je m'attardais à parler là-bas. Et me revint le souvenir d'une soirée particulière où nous avions discuté des perspectives d'un nouveau journal qui serait prochainement présenté au monde et auquel nous étions conjointement intéressés : Clifford Bax comme rédacteur, moi comme éditeur ; On m'a demandé à quel point je considérais ses perspectives comme heureuses. Mais j'ai renoncé au rôle de prophète.

« On ne peut pas commencer à deviner », dis-je ; « Un magazine est comme un roman : c'est l'expression du goût personnel de l'éditeur. Si l'éditeur commence à inclure un travail qu'il n'aime pas parce qu'il pense qu'il peut réussir, il échouera aussi sûrement que le bon romancier échouerait s'il essayait d'écrire une marmite. Ce ne serait pas sincère. Pensez aux *Tit-Bits* . Il y avait un document rédigé par un homme qui exposait un fait et se posait une question. Un journal, disait-il, est quelque chose qu'un homme a envie de lire lorsqu'il est fatigué à la fin de la journée. Et la question qu'il se posait était la suivante : « Que devrais-je moi-même lire dans des circonstances pareilles ? Il décida que *Tit-Bits* était le genre de chose qu'il aimerait lire ; et comme il était l'homme moyen dans la mesure où il était miraculeusement en phase avec le goût de l'homme moyen, *Tit-Bits* fut un grand succès. De la même manière, le succès ou l'échec de votre journal dépendra du nombre de personnes suffisamment en harmonie avec vos goûts pour être prêtes à augmenter leurs dépenses annuelles à hauteur d'une guinée. C'est, cela doit toujours être, un pur pari.

Et je me souviens avoir pensé que c'était sans doute pour cette raison que la carrière du périodique littéraire est si invariablement éphémère. C'est toujours la même chose. Le journal est lancé, fraîchement peint, avec des drapeaux flottant gaiement. Aux rames, on voit des marins renommés : des hommes qui ont risqué de nobles hasards pour la cause des lettres. Il y a un cri d'acclamation venant du rivage. « Jamais, disent-ils, un navire n'a été lancé sous de plus heureux auspices. Voyez comment il coupe les vagues ! Voyez comment les rames montent et descendent ensemble ! Il est certain qu'il gagnera en toute sécurité jusqu'aux îles fortunées.

Mais avant que le navire ne soit à plusieurs kilomètres de la terre, les observateurs depuis la terre observent des signes d'inquiétude et de dissension. Les drapeaux commencent à baisser. Les voiles sont détendues. Les rameurs ne travaillent plus en harmonie. Certains d'entre eux ont en effet arrêté de ramer et d'autres prennent des dispositions pour regagner le rivage tant que les eaux sont encore calmes. La vitesse éclatante de ce premier passage est oubliée. Le navire se balance au milieu de la mer au gré des marées et des courants. Les quelques fidèles ont du mal à maintenir le bateau à flot. Ils ne peuvent faire aucun progrès, et les observateurs de la terre se désintéressent et prêtent leurs oreilles aux récits de quelque nouveau marin qui apporte des nouvelles par une autre route de marchandises, de trésors et de voyages périlleux.

Une histoire triste, mais dont les détails sont devenus si familiers qu'ils ont presque cessé de nous attrister. Nous parlons du marché littéraire. Comment, demandons-nous, une entreprise privée peut-elle espérer entrer sur les listes contre les intérêts particuliers de l'imprimeur, de l'éditeur et du libraire. Si l'éditeur a plusieurs amis, il peut produire deux ou trois bons numéros. Mais si ses contributeurs sont payés, ils reçoivent une rémunération si basse qu'elle équivaut pratiquement à une insulte. Et même si les artisans du nouveau monde, les évangélistes de l'aube de la fraternité parlent beaucoup des dépôts sacrés de l'art, un homme répugne à vendre pour trois guinées une denrée pour laquelle ailleurs il peut en obtenir quinze. L'éditeur d'un tel journal ne reçoit d'un « auteur établi » que les compositions qui ne peuvent être vendues de manière satisfaisante sur le marché libre. Pour deux raisons, de telles compositions peuvent être invendables. Soit ils sont mauvais, soit ils sont impropres à la consommation familiale. En fait, l'étudiant en histoire littéraire constatera que la plupart des contributions à de tels périodiques ayant une valeur esthétique durable sont de nature à justifier leur inclusion dans « l'index » ; ce qui est dommageable commercialement ; car on n'aime pas particulièrement dépenser six shillings pour une production qu'on ne peut décemment pas laisser à la maison.

C'est sans conteste l'un des principaux courants contraires qui entravent la progression des courageux aventuriers. Mais il y en a d'autres, et je ne suis pas sûr que le plus grand d'entre eux ne soit pas le manque d'harmonie entre l'éditeur et le public. Le magazine est un objet pour passer les soirées de neuf heures et demie à onze heures ; et l'homme dont la journée a été passée parmi les livres, dont les yeux sont fatigués à la vue des imprimés, préférerait, une fois son travail terminé, danser ou jouer au bridge ou aller au théâtre ou à une fête. Le smoking et la chemise blanche que l'on enfile après le bain du soir sont le symbole d'un changement d'ambiance. Nous avons mis de côté le trafic des affaires quotidiennes ; et ceux d'entre nous dont la subsistance dépend des lettres ont du mal à établir le contact avec le fonctionnaire et le directeur de banque qui se contentent après le dîner de s'installer tranquillement devant une solide revue scientifique.

Le rédacteur en chef a mis son journal au lit ; il se penche en arrière, épuisé, sur sa chaise. « Dieu merci, c'est fini », dit-il ; "et Dieu merci", ajoute-t-il, "de ne pas avoir à le lire."

C'est le problème d'un éditeur. S'il imprime ce qu'il aimerait lire lui-même à une telle heure, son choix ne satisfera probablement pas l'homme qui a passé sa journée à côté du téléphone et dont les oreilles sont fatiguées d'écouter les demandes de découvert ; tandis que s'il publie ce qu'il pense que son public aimerait lire, s'il y substitue un critère de décision autre que « j'aime » ou « je n'aime pas », son journal cessera d'être une expression de sa propre personnalité. , et ne sera pas sincère. L'éditeur idéal partage les goûts du public auquel il s'adresse.

Et c'est, je crois, le soir même que Clifford Bax me demanda comment serait constitué le journal que j'accueillerais moi-même avec le plus d'enthousiasme ; et je répondis que le journal devait remplacer un ami, et que je souhaiterais un journal qui reproduirait l'essentiel de la soirée que nous avions passée ensemble.

« Nous avons beaucoup parlé, dis-je, du cricket, des grands matchs que nous avons vus et dont nous avons entendu parler. Nous nous sommes demandés comment persuader le MCC d'organiser un match à guichet unique entre Hearne et Woolley. Nous avons de nouveau mené de vieilles batailles et avons dégainé des armes qui étaient depuis longtemps rouillées sur les étagères. Et nous avons parlé de nos propres réalisations, tout comme le peuvent en toute convenance deux artistes aussi indifférents que nous. Nous ne devons faire aucune démonstration de modestie. Nos chiffres prouvent de manière concluante notre qualité. Nous n'appliquons pas à notre cricket les normes que nous appliquons à Hendren's. Nous traitons les uns les autres avec bienveillance, comme le font les critiques avec ces petits volumes de vers amicaux et sans valeur qui ne font de mal à personne et peuvent tout à fait constituer un divertissement innocent pour leurs auteurs et leurs amis. Donc, dans mon article, on pourrait parler du cricket.

« Et comme nous avons parlé de la technique de l'écriture et du marché littéraire, sur ces sujets-là devrais-je commander des articles. Nous avons répété un certain nombre d'anecdotes, pour la plupart un peu scandaleuses, et la nouvelle de mon article ne serait ni sophistiquée, ni obscure, ni moderne : un morceau de récit direct et concret qui viserait moins la vigueur que le charme. Je voudrais que ce soit une chose jolie et sentimentale, avec ici et là une suggestion de dévergondage, d'émeute. Il y aurait des personnalités ; car le voyeur qui est en chacun de nous réclame satisfaction. Et nous passons une grande partie de notre temps à discuter des particularités de nos connaissances.

Chaque numéro devrait contenir une esquisse du personnage d'un personnage public, et je ne devrais pas m'opposer si elle était malveillante. C'est un signe de vulgarité, me dit-on, que d'être curieux de la routine de la vie des autres. Un certain nombre de critiques ont traité très durement le petit livre de Mme Watts-Dunton sur Swinburne. C'était un poète, disait-on, un grand poète. Son œuvre demeure. Voilà tout ce qui compte. A quoi servent ces ragots insignifiants sur les bottes, les édredons et les jarretières ? Personnellement, j'ai trouvé son livre admirablement divertissant. J'ai senti, après l'avoir lu, que je connaissais Swinburne mieux qu'avant. La routine est, après tout, le cadre de la vie d'un homme ; et il est intéressant pour un écrivain d'apprendre comment les autres travaillent ; à quelle heure ils écrivent ; combien de mots ils écrivent par jour ; qu'ils travaillent régulièrement tout au long de l'année ou par de courtes périodes de concentration intense. Cela peut dissiper l'illusion de regarder une pièce depuis les coulisses d'un théâtre plutôt que depuis les stalles. Mais il y a certaines choses sur le showman qui ne peuvent être apprises qu'en coulisses. En tout cas, c'est le genre de choses que j'aimerais lire dans mon journal.

Le feu avait commencé à brûler joyeusement dans la cheminée ; la lumière chaude tombait d'une manière caressante dans une brume rougeoyante sur les livres, les chaises et les tableaux ; et je me tournai vers elle depuis les étagères qui m'étaient devenues inhospitalières, me demandant pourquoi les intérêts de chacun devraient être séparés dans la littérature s'ils ne le sont pas dans la vie ; pourquoi un livre devrait être consacré exclusivement à la fiction, un autre à la critique, un autre à la réminiscence et un autre au sport. Ne serait-il pas amusant de trouver l'unité de thème et de sujet abandonnée pour une unité de ton. Et soudain, je sus avec quels mots je devrais répondre à Grant Richards le lendemain matin.

« Mon cher Richards, devrais-je écrire, je crains de ne pas avoir de nouvelles de mon roman pour vous. Mais je vous enverrai très prochainement, je pense, un livre qui, je l'espère, vous plaira beaucoup mieux. Ce ne sera pas une fiction, bien qu'il contienne des nouvelles, ni un livre de sport, même s'il y aura du football et du cricket : on parlera beaucoup de livres, mais ce ne sera pas de critique littéraire. En effet, je ne sais pas dans quelle étagère le bibliothécaire du *Times* Book Club le consignera.

Ce serait une sorte de cousin du papier de mes rêves ; une seule fonctionnalité serait omise. Il n'y aurait pas de personnalités malveillantes. Il y a certaines choses que l'on peut aimer lire, mais que l'on ne se soucie pas d'écrire. Pour quelques sous et quelques paragraphes, je ne prendrais pas le risque de blesser une amitié.

Et, allongé au fond de mon fauteuil, regardant les ombres sombres de la lueur du feu se déplacer sur le plafond comme les vagues par une journée calme au milieu du canal, je pensais combien il serait agréable d'écrire un tel livre qui passer, comme le fait la conversation, des livres à la vie, et de la vie au cricket, et ainsi revenir aux livres. Comme il est agréable de laisser la plume suivre la fantaisie de l'anecdote, de laisser l'impression se succéder à l'impression, d'arracher les œillères de la technique du récit formel et de la critique. Fatigué, bien content et somnolent, j'ai laissé mes pensées échapper à mon contrôle au cours de leur voyage paresseux et aléatoire.

environ un an, mes éditeurs américains m'ont demandé de leur envoyer du matériel personnel pour la publicité dans la presse, et j'ai passé une chaude après-midi d'été à décrire ma filiation, mes goûts, mes aversions et l'usage que je faisais de mes jours et de mes heures. Je reçois désormais par courrier sur deux des coupures syndiquées de mes confessions. J'apprends beaucoup sur moi-même. Je suis, j'ai découvert, une personne méthodique et travailleuse. Tous les lundis et vendredis, je me rends dans le bureau d'un éditeur de la rue Henrietta où je lis des manuscrits, rédige des annonces et, en général, je me divertis ainsi que mes employeurs. Pendant les trois jours du milieu de la semaine, j'écris.

Je suis une routine régulière lors de mes journées d'écriture. Je prends mon petit-déjeuner à huit heures et demie. De neuf heures à dix heures, je traverse Hampstead Heath. De dix heures à une heure, j'écris. L'après-midi, je vais au cinéma. De cinq heures à sept heures, j'écris à nouveau. Je travaille au rythme de 3500 mots par jour. Le week-end, je m'amuse. Je danse, je joue au football ou au cricket selon la période de l'année. Je vois mes amis. Il s'agit en fait d'une image du genre de jeune homme qui remporte des prix à l'école du dimanche et réussit dans le roman d'affaires.

Je suppose que j'ai dû passer d'une manière ou d'une autre la semaine précédant ma confession. Ou peut-être sentais-je que j'avais besoin d'organisation, que c'était dans ce sens que mon emploi du temps devait être organisé, et que par le simple fait d'écrire un emploi du temps je devrais me « pousser » à le respecter ; en tout cas, ce n'est pas vraiment le cas, j'ai peut-être besoin de le dire. Je ne limite pas entièrement mes divertissements aux week-ends. En été, on passe généralement trois jours par semaine sur un terrain de cricket. Si je maintenais un rythme moyen de dix mille mots par semaine, je produirais environ un demi-million de mots par an, et Dieu sait ce que j'en ferais. Et je ne suis pas très souvent en mesure de prendre mon petit-déjeuner à huit heures et demie.

Chronique mensongère que cet aveu. Mais nous n'établissons pas toujours des plans et des calendriers. En début d'année, nous estimons l'étendue de nos revenus. Nous faisons deux colonnes. Nous inscrivons les postes de dépenses générales : loyer, assurances, impôt sur le revenu, abonnements aux clubs, vêtements et lessive. Et nous décidons combien il reste pour notre indulgence personnelle. «Je peux m'autoriser», disons-nous, «trois, quatre, cinq ou six livres par semaine en argent de poche, et je ne dépenserai pas», continuons-nous, «un penny de plus que cela.» Nous ne le faisons pas non plus pendant environ une semaine jusqu'à ce que nous soyons si enflammés par le sentiment du mérite que nous accordons à notre économie le droit à un digne hommage, et que nous organisons un dîner et que nous gagnons douze livres en une seule nuit. Il en est de même pour les horaires. Ils s'énervent toujours quelque part, et les gens qui s'y collent sont une nuisance infernale.

Je me souviens d'un certain camarade de guerre dont le jour était curieusement et exhaustivement classé. «Venez en faire un quatrième au bridge», diriez-vous. « Désolé », répondait-il ; "mais dans cinq minutes, je commencerai ma deuxième pipe." Et quand vous vouliez qu'il se promène sur la place, son prochain verre était dû. Et quand on voulait qu'il fend une bouteille, c'était son heure de faire de l'exercice. Même sa nature romantique était entravée. L'ordre irréductible de son emploi du temps lui ordonnait de consacrer l'heure comprise entre trois heures et demie et le thé à une « sieste de rêverie sensuelle ».

Mais c'est ainsi avec les horaires. Il ne semble pas y avoir de maison de transition. Vous devez soit les éliminer, soit devenir leur esclave.

Mais les habitudes sont différentes. Il est bon de savoir qu'à une certaine heure de la journée, on peut toujours trouver telle personne à tel endroit. ESP Haynes, par exemple. Vous savez que n'importe quel jour de la semaine, il suffit de se rendre à deux heures et demie dans l'arrière-boutique d'un certain marchand d'huîtres pour le retrouver en train de déjeuner des huîtres, du Bourgogne blanc et du porto. Et qu'en entrant, il agitera une grande main sympathique et commencera à remplir des verres pour vous.

Il y a quelque chose d'essentiellement convivial chez l'homme qui a des habitudes. Une habitude est une preuve de contentement, de satisfaction. L'homme qui a des habitudes accepte la vie comme étant essentiellement une bonne chose. Sinon, il aurait fait des expériences. Il aurait goûté à de nouveaux clubs, de nouveaux restaurants, de nouvelles maisons. J'admire les vieux messieurs qui déjeunent jour après jour dans le même club et à la même table. Il est bon d'entendre un homme dire : « Cela fait maintenant trente ans que je suis chez le même tailleur et il ne m'a pas fait un mauvais costume. » Nous ne ressentons nous-mêmes aucune incitation à porter notre patronage à cette maison particulière ; mais en ces jours de changement et de révolution, la fidélité, même envers un tailleur, est un acte louable et juste. Paresse? Peut-être. Mais alors, la paresse n'est-elle pas une philosophie, l'expression d'une nature douce, placide et harmonieuse. La guerre nous a offert peu de spectacles plus pathétiques que celui des mortels fatigués et harcelés, chassés des hôtels réquisitionnés, à la dérive dans un monde étrange, arrachés aux habitudes qui les abritaient depuis vingt ou trente ans. Ils y avaient vieilli, ils avaient espéré y mourir. C'étaient des arbres plantés fermement et joyeusement dans un sol agréable. C'était cruel de les déraciner.

C'est à travers nos habitudes que nous recherchons l'harmonie. Ce sont les palpeurs que notre timidité lance vers une illusion de permanence dans un monde éphémère et éphémère. Il y a un rythme dans la récurrence, jour après jour, de goûts simples cédés, de préjugés flattés. Il n'y a que les gens superficiels qui n'ont aucune habitude ; les gens sans gouvernail, sans conséquence et ces quelques chanceux qui portent dans la stabilité de leur propre tempérament un équilibre, un sentiment de continuité ; et parce que c'est vers cet état d'équilibre que nous tendons dans la littérature et dans la vie, parce que c'est un modèle, parce que c'est un rythme que nous recherchons dans notre vie et dans notre travail, nous établissons des horaires et nous décrivons dans les entretiens. les brebis en tant que personnes de routine et de méthode.

Un samedi de novembre dernier, j'ai découvert sur un terrain de football à Tonbridge que la tête humaine est un objet bien plus solide que le genou humain. Pendant quinze jours, je restai à l'intérieur, ma jambe soutenue par un banc de coussins. D'une certaine manière, je me suis dit que dans quatre ou cinq, dans six ou sept ans, je devrais en finir avec le rugby. Peu de gens jouent beaucoup au rugby après trente ans. Combien restaient-ils, me demandais-je, parmi les quarante-cinq ou cinquante personnes qui s'étaient présentées à ces premiers procès d'après-guerre à Old Deer Park. Combien de ceux qui avaient joué dans les équipes A de 1919 jouaient encore ? Une demi-douzaine? À peine cela, peut-être. Vous ne les remarquez pas lorsqu'ils s'échappent. Un côté change si peu d'une semaine à l'autre, d'une saison à l'autre. Vous semblez toujours jouer avec les mêmes personnes. Mais lorsque vous comparez la photographie d'équipe de 1919 avec la photographie d'équipe de 1923, vous vous en rendez compte. Où sont-ils tous allés, vous demandez-vous. Sont-ils partis à l'étranger, se sont-ils mariés ou ont-ils commencé le golf ? Habituellement, la fin arrive brusquement. Il n'y a pas de retraite progressive. Le rugby est un jeu auquel on joue tous les samedis, ou pas du tout. Vous ne pouvez pas le ramasser, le laisser tomber, puis le reprendre, comme vous pouvez le faire au cricket, au golf et au tennis. Vous continuez à jouer jusqu'à ce qu'un genou, une cheville ou une épaule disparaisse, et votre médecin vous dit que le rugby est un jeu de jeune homme.

C'est peut-être pour cela que nous lui accordons une telle valeur : pourquoi nous sommes prêts à lui sacrifier tant de choses qui nous tentent. Nous savons que c'est une excitation qui nous sera bientôt retirée. J'ai vingt-cinq ans. Cela fait neuf ans que je n'ai pas passé une journée au lit. Mais je commence déjà à trouver le football comme une sorte de tension. La raideur qui durait rarement le dimanche est toujours avec moi le mardi soir. Et en réfléchissant à cela, j'ai commencé à réaliser à quel point le football, au cours des quatre dernières années, a donné un modèle à ma vie. Depuis quatre ans, je ne peux accepter, pendant l'hiver, aucune invitation à déjeuner le samedi. Je n'ai jamais pu partir en week-end. Le samedi soir, je me suis efforcé de rester à l'écart des fêtes ; et j'ai également fait de mon mieux pour le vendredi soir. Je n'ai jamais pu partir entre octobre et fin mars pour plus de six jours d'affilée.

Mais ceci, direz-vous, est une folie, un exemple suprême de l'esclavage pervers des habitudes. Qu'il en soit ainsi : mais il n'y a qu'une seule façon de jouer au rugby, d'y jouer régulièrement, d'arriver frais sur le terrain et de ne pas s'inquiéter pendant les cinq dernières minutes, quand tant de matches sont perdus et gagnés, de savoir si vous serez pouvoir prendre le seul train qui vous permettra de vous changer confortablement pour cette danse. Et il faut décider si cela en vaut la peine ou non. C'est une question de préférence personnelle. Moi, je sais que pour moi rugger éprouve un frisson, une sensation dont on ne trouve l'équivalent dans aucun autre sport, ni dans aucun autre intérêt. Par une froide journée d'octobre, quand le ballon et le terrain sont gras par la pluie matinale et que les moitiés et les arrières doivent y descendre s'ils veulent arrêter une course, la vie est pour l'attaquant une chose très riche, très splendide. C'est une belle chose de ressentir une demi-volée au moment même où l'on frappe sa lame, de voir un couvert plonger vers elle et la rater. C'est une bonne chose de courir quinze mètres en arrière et de côté dans les profondeurs, de ressentir ce coup chaud et picotant lorsque la balle atterrit dans la paume de sa main, de connaître ce battement soudain du cœur qui dit : « C'est là, tu as tenu il." C'est une belle chose de voir un homme jouer vers l'avant et rater le lancer, de voir la balle passer entre la batte et la jambe, d'entendre le bruit des moignons. Des choses belles et nobles, avec une vie en ces moments-là merveilleusement riche. Mais c'est une chose plus belle que de dribbler par une journée pluvieuse avec une balle glissante et rebondissante ; une chose plus belle que ce sentiment de combat durement gagné, alors que vos tibias s'écrasent contre la moitié qui tombe devant vous. Ses doigts s'agrippent au ballon. Vous leur donnez des coups de pied aveuglément ; vous chancelez ; mais la balle est libre ; il rebondit à l'air libre ; vous suivez, haletant, un chant dans vos oreilles. L'arrière se précipite sur le ballon. Vos pieds sont lourds de boue et d'une longue journée de bousculade. D'une manière ou d'une autre, vous arrivez au bal avant lui. Vous donnez un coup de pied juste à côté de lui. L'aile trois arrive derrière vous. Il est plus frais, il est plus rapide que vous. Dix mètres ; la balle rebondira-t-elle correctement pour vous ? Votre orteil le tourne légèrement vers la gauche ; la ligne est d'un blanc boueux sous vous. Vous plongez en avant, vous vous jetez sur le ballon, vos bras se referment dessus. Les trois-quarts s'écrasent sur vous, vous étourdissant à moitié. Vous ne vous souciez pas. Vous le remarquez à peine. Vous avez marqué un essai.

Vous obtenez chez Rugger quelque chose que vous ne pouvez obtenir nulle part ailleurs. C'est le jeu de la jeunesse, l'expression suprême de la jeunesse, et il nous est enlevé, peut-être à juste titre, au début de l'âge adulte.

Abandonner le football, c'est changer le schéma de sa vie. Vous allez abandonner d'un coup toute une série d'habitudes. Quelqu'un vous invitera à Winchester pour le week-end ; il y a un train admirable de Waterloo, vous dira-t-on, vendredi soir. Sans réfléchir, vous commencerez à vous excuser. Vous êtes vraiment désolé, mais le samedi... et puis tout à coup vous vous en souvenez, c'est fini maintenant. Vous pouvez y aller quand vous voulez et où vous voulez. Et vous êtes consterné par l'énormité de votre libération, et commencez à la hâte à prendre d'autres habitudes, à lancer de nouvelles sensations, à vous mettre au golf ou à rejoindre des clubs de restauration qui se réunissent les deuxième et quatrième mercredis du mois ; se retrouver une fois de plus empêtré dans le schéma des engagements récurrents ; une fois de plus être le laquais de la coutume, la créature de l'usage et de l'habitude.

Mais il y a toujours du cricket ; et l'été tisse au cours de ses quatre mois courts un motif plus sûr et plus clair que l'hiver. Il y a du cricket tous les jours et il y a le championnat du comté. Et si vous suivez de près la fortune d'un comté, comme je suis celle du Middlesex, vous disposez d'un cadre solide pour vos aventures personnelles. Il m'est difficile, même aujourd'hui, à une date aussi rapprochée, de situer avec une précision immédiate la date d'une circonstance hivernale donnée. "Quand est-ce arrivé?" Je me demande. J'essaie de construire autour d'elle un cadre d' associations. Que se passait-il d'autre à ce moment-là ? Quel livre est-ce que je lisais ? Quel costume je portais ? Quel ami venais-je de voir ?

Et petit à petit, détail par détail, je recrée la scène. Mais cela prend du temps. Et le football ne m'aide qu'occasionnellement. Il n'y a pas de championnats de rugby. Il n'existe pas de chiffres, pas de scores individuels pour nous aider. Un jeu ressemble tellement à un autre. Saison après saison, on joue contre les mêmes équipes, sur les mêmes terrains et avec des résultats légèrement différents. Il est parfois même difficile de situer un match en particulier dans sa bonne saison. Et de toute façon, le football n'est qu'une clé des associations du week-end. Cela n'aide guère à dater une réunion qui a eu lieu en milieu de semaine.

Mais c'est différent avec le cricket. Les gens me disent parfois que j'ai une mémoire étrange en matière de rendez-vous. « Avez-vous déjà vu, diront-ils, ce film « Le vieux nid », qui était projeté à l'Alhambra il y a environ deux ans ? « Oui, répondrai-je, j'y suis allé le dernier lundi d'août 1921, le 29, je crois. Mais ce n'est pas « The Old Nest » dont je me souviens. Je m'en souviens seulement à travers ses associations avec Lord's et le deuxième jour de ce merveilleux match entre Middlesex et Surrey ; le matin d'un échec inexplicable ; les magnifiques manches de Donald Knight en après-midi ; l'heure du thé avec Surrey dans une position imprenable. Deux cinquante courses à venir et huit guichets restants. Et puis après, cet effondrement surprenant, glorieux. Nigel Haig prend guichet après guichet depuis la crèche. Fender essaie de jouer pour de bon et est pris par Murrell au large du côté de la jambe au large de Hearne. Le match est à nouveau un match.

Et je me souviens de cette soirée-là, à bord d'un bus sur Oxford Street et à lire les pancartes rouges des journaux qui avaient été imprimées pendant que Knight et Shepherd étaient à bord. Je me souviens du cri des livreurs de journaux : « Surrey s'en assure. Papier! Surrey s'en assure ! Et parce que c'était le point culminant d'une journée inoubliable, je me souviens avoir dîné avec ma mère au restaurant espagnol et l'avoir emmenée au « Vieux Nid » de l'Alhambra.

Mais cela, direz-vous, est une occasion exceptionnelle. Il n'y a eu que trois matches de ce type depuis que vous êtes allé pour la première fois à Lord's, en costume de marin, en mai 1904, et que vous avez pleuré lorsque le guichet de Plum Warner est tombé. Mais d'une manière moindre, pour des choses moindres ; Je me souviens des livres que j'ai lus, des amis que j'ai rencontrés, des soirées auxquelles j'ai assisté, des matchs qui se déroulaient alors. Si, par exemple, je pouvais fixer la date du banquet inaugural dans les salles Connaught de cette malheureuse Ligue de la Jeunesse, si je n'avais pas lu en chemin dans le journal du soir le score du match nul entre Somerset et Sussex; et si j'entendais deux personnes se demander en quelle année et en quel mois *Rich Relatives de Compton Mackenzie* a été publié, il y aurait pour me guider l'image d'une journée ensoleillée chez Lord's avec Greville Stevens me demandant ce que je pensais du rouge vif. volume qui gisait non ouvert sur le siège devant moi. Je n'ai jamais tenu de journal. Je n'en aurai pas besoin tant que *l'Almanach de Wisden* sera publié – au cours de l'été en tout cas. Il y a toujours une certaine association. Vous rencontrez une personne pour la première fois. Vous descendez Bedford Street en direction du Strand. Un vendeur de journaux se précipite devant vous avec le premier numéro de l'émission spéciale de fin de soirée. Vous lisez dans la chronique stop-press que Fender a pris huit guichets à Trent Bridge. La date et l'heure de cette première réunion resteront à jamais gravées dans votre mémoire. Et lorsque vous écrivez vos souvenirs, vous n'avez qu'à vous adresser pour vérification au *Wisden* de 1921.

Mais je commence à déceler chez le lecteur un inquiétant sentiment d'irritation. « Cet homme, commence-t-il à se demander, n'a-t-il aucun sens des proportions ? Pense-t-il qu'un livre, une image ou un épisode romantique a moins d'importance qu'une partie de cricket ? Discute-t-il sérieusement dans le même souffle d'une manche de Knight et d'un roman de Mackenzie ? Cricket et football ! qu'importe, de toute façon ?

Assez peu, sans doute ; mais alors, face à l'éternité, quelque chose a-t-il une si grande importance ? Que sommes nous et nos œuvres, nos triomphes, nos ambitions, nos désastres, mais des accidents dans le long processus d'effet et de cause. Nous parlons des vérités éternelles, mais l'épanouissement de l'art est aussi temporel que la jouissance que nous en tirons. Dans soixante ans, nous ne serons plus là pour admirer le tableau du Greco. Et dans six cents ans ses couleurs se seront fanées, la toile aura perdu de sa beauté. Ce sera sans valeur. Et en présence de l'éternité, que font six ans, ou soixante ou six cents ?

Déjà, nous cessons de lire les classiques. La citation latine et grecque est passée de l'article principal et du débat au Parlement. Le passé est rapidement immergé dans le flot toujours croissant de la littérature moderne. Le passé et le présent sont toujours en guerre l'un contre l'autre. La Chine n'a produit aucune poésie depuis deux mille ans. «Il existe déjà», disent-ils, «une collection si immense d'excellents travaux qu'il serait insensé de tenter d'y ajouter». En Chine, le passé a étouffé et tué le présent. Ici, dans le monde occidental, nous sommes occupés à en finir avec la Grèce et Rome. Est-ce que quelqu'un lira Virgile dans les années 1980 ? Et de Shakespeare comme de Virgile.

Nous nous demandons toujours : « Qui lira quoi en 1980 ? Nous avons toujours à l'esprit cette génération à naître sur laquelle nous pourrions influencer et aborder. Mais de toute façon, est-ce vraiment important ? Ces bâtiments qui sont les nôtres, ces restaurants, ces magasins et ces cinémas, que nous projetons de tous côtés si imprudemment, si au hasard, dans un but de commodité et d'exposition, ils parleront de nous bien plus distinctement aux hommes et aux femmes du monde. le XXIIe siècle que ces poèmes, ces pièces de théâtre, ces images, cette musique et ces romans que nous produisons à profusion.

La pensée politique contemporaine, ainsi que les projets de loi, les mesures et les moyens de défense qui en découlent, seront aussi obsolètes que l'est aujourd'hui la politique de Gladstone. Nos problèmes de religion et de moralité seront sans aucun doute l'occasion de moqueries de music-hall. Mais nos bâtiments seront là ; et comme, pour la majorité d'entre nous aujourd'hui, le sentiment de repos, de raffinement et de formalité augustéenne est plus facilement suggéré par les fenêtres rectangulaires et les lignes basses des places de Londres ; et comme la vulgarité, la prétention, la solennité et la solidité qui étaient les pires caractéristiques de l'époque victorienne sont continuellement imposées à notre attention par les portiques et les colonnes élaborés, la théâtralité de la décoration excessive qui obscurcit pour nous tant de choses qui étaient à l'époque excellents et qui nous font nous écrier avec mépris : « Comme c'est typiquement victorien », nous aussi serons-nous jugés à notre tour.

Alors que je suis transporté sur le pont supérieur d'un bus dans Oxford Street, et que je vois au bout de cette avenue aux fenêtres brillamment décorées la majestueuse façade du magasin de Peter Robinson, et que je considère à quel point elle éclipse le cirque qu'elle surveille, et quand je vois de le sommet de Regent Street, bien au-delà de la rangée de toits déchiquetés et des cheminées, la belle courbe au toit bas que les exigences de l'utilité s'emploient à condamner comme un élément de décoration inutilisable, je deviens un peu mélancolique, pas tant parce qu'un une belle chose nous est enlevée, mais par méfiance quant au type de bâtiments qui la remplaceront. Je regarde nerveusement vers l'avenir. Je vois un jeune homme, son manteau et son gilet ornés du brocart de la mode du début du XXIIe siècle, passant ici par le moyen de locomotion que la jeunesse de cette époque choisit d'honorer. Je vois son regard posé avec mépris sur cette mosaïque déchiquetée de disparité. « Ils ont fait ce gâchis, dira-t-il à son compagnon, au début du XXe siècle. » Je crains qu'il ne soit aussi ignorant des poètes et des romanciers géorgiens que la majorité d'entre nous le sont aujourd'hui des obscurs contemporains de Wordsworth ; qu'il trouvera une histoire de nos pratiques politiques aussi fastidieuse et aussi corrompue que celles des autres périodes avec laquelle il a dû prendre connaissance pour la satisfaction de ses examinateurs universitaires. Il ne s'intéressera qu'à ses loisirs à la forme que prenait la vie en 1923 pour l'homme et la femme moyens, et, comme il aura hérité de nous l'aimable qualité de la paresse, il privilégiera le raccourci ; il se contentera de contempler, de s'imprégner de l'atmosphère de nos édifices publics, et j'ai très peur qu'en traversant Regent Street jusqu'à Oxford Circus, il ne frémisse, comme nous le faisons lorsque nous nous réveillons d'un mauvais rêve. , avec le frisson qui devient un sourire, avec la lente assurance à travers des objets familiers d'un mal évité. Et il rira et montrera la façade du «Twentieth Century typique» de Peter Robinson!

Mais est-ce important ? Cela affectera-t-il la façon dont les gens vivent sur cette terre en 1990 ? Nous ne serons pas là pour les voir. Ils seront incapables de nous distraire, de nous confondre et de nous harceler avec leur intelligence ou leur stupidité. Seul notre égoïsme nous fait nous prosterner humblement devant eux. Il est jugé indigne pour un écrivain de s'adresser aux hommes et aux femmes de sa génération. Mais il est sûrement plus sociable en nous de souhaiter rendre service et divertir à nos amis qu'à leurs petits-enfants, qui peuvent, autant que nous le sachions, devenir des personnes singulièrement désagréables. Personnellement, je préférerais de loin que mes livres soient lus maintenant par mes contemporains, par des gens que je connais et que j'aime, plutôt que par des étrangers lorsque je serai mort, avec mes livres d'ailleurs hors copyright.

George Moore a protesté que chaque homme trouve le paradis à sa manière, affirmant de manière caractéristique qu'il l'a lui-même découvert dans la chambre de cette maîtresse si infidèle et si constante. Et je pourrais citer comme témoin pour sa défense un pasteur de ma connaissance qui a découvert le paradis dans la galerie du Seigneur. Un petit pasteur ratatiné et vieilli, vêtu d'un long manteau chesterfield qui paraît tristement vert au soleil ; un cobaye, je suppose. Car s'il a un troupeau, celui-ci peut rarement être gardé.

Une figure familière et indubitable ; Je ne connais pas son nom, même si nous avons discuté ensemble une ou deux fois. Il porte toujours avec lui un petit carnet noir dans lequel il note toutes les partitions de plus de cinquante qu'il a vues. Lorsqu'un guichet tombe et qu'un nouveau batteur descend les marches du pavillon, il sort son livre, vérifie l'identité du nouveau venu à l'aide de la carte de pointage et du télégraphe et procède à l'examen de son dossier. « Ah, oui, dit-il à son compagnon, Miles Howell ; un certain nombre de bonnes manches qu'il a jouées. Voyons voir : 99 contre Kent. Je m'en souviens; l'idiot ! Il s'est enfui : une course impossible. Je ne pense pas qu'il gagnera un jour cent pour Surrey ; il devient tellement nerveux dans les années 90. C'est pareil chez Lord lors de ses grandes manches. Il aurait pu obtenir le record facilement ; seulement deux autres courses. Puis il jette son guichet. Après avoir été raté aussi trois ballons plus tôt.

Il est âgé, il a presque quatre-vingts ans. Pendant la guerre, je me demandais si je le reverrais un jour, s'il serait capable de survivre, à son âge, à quatre années de rationnement, de raids aériens et de surmenage. Et pas de grillon. Il devait être très seul, très désemparé. Il a dû passer de très nombreuses heures à étudier son petit livre noir, se demandant si les beaux jours reviendraient un jour de son vivant.

Mais il était là le 16 mai, le premier matin du match Notts *contre* Middlesex à Lord's. Et son petit livre noir était dans sa main. « Ah, oui », disait-il ; « AW Carr… la dernière fois que je l'ai vu jouer, c'était contre Surrey le mardi avant la guerre. Il en a gagné trente, si je me souviens bien. Et avec une prise remarquablement bonne également dans les glissades. Ils lui ont apporté un télégramme alors qu'il était au bâton, le rappelant aux couleurs, je suppose. Un mois plus tard, il était blessé.

Je pense que plus que toute autre chose, la vue de ce vieil homme en cet été d'armistice m'a rassuré sur l'immuabilité du cœur humain, sur sa stabilité dans des conditions changeantes. Et je pense que c'est ce jour-là que j'ai apprécié pour la première fois la sagesse native de ce vieil homme.

Avant la guerre, j'avais toujours eu le sentiment qu'il négligeait cruellement son devoir envers sa congrégation. Il regardait le cricket toute la semaine ; il pensait au cricket toute la semaine ; que pouvait-il trouver à dire à ses ouailles le dimanche ? Mais j'ai appris lors de ce premier jour de cricket d'après-guerre que tant que l'on considère la vie en termes constants de quelque chose, on peut acquérir un véritable sens des valeurs humaines, et que le cricket de comté est un chat aussi utile que la littérature si l'on veut en dénicher. l'absolu.

Quelqu'un, je pense à moitié que c'était Flint, avait assez manqué de Saville. Le vieil homme secoua la tête. « Pauvre, pauvre », marmonna-t-il, « et c'était une mauvaise équipe dans les années 80. » Soudain, j'ai vu la vie du curé avec soulagement. Il avait vu la vie en termes de cricket de comté. Il avait vu dans les fortunes variables du domaine aussi sûrement que l'historien l'a vu dans l'essor et l'effondrement des empires, l'arrogance et l'impermanence du succès, le courage du désespoir, la vanité de l'ambition. Il avait vu des hommes devenir célèbres et sombrer dans la médiocrité. Les comtés avaient eu leur heure. Il y avait eu les années de domination du Surrey, puis du Yorkshire, puis du Kent. Le Middlesex était désormais la puissance montante. Il y avait toute une histoire dans ses souvenirs de « la faiblesse de Nottingham dans les années 80 ». Et je sentais qu'il serait capable de donner la vraie sagesse à son troupeau le dimanche ; il ne se laisserait pas facilement tromper par les cris du marché ; il aurait le sens des valeurs. Il aurait une norme pour juger du trafic et de la confusion de la vie moderne. Nous sommes des enfants, disait-il, avec le droit de choisir les jouets qui lui plaisent ; ou plutôt, peut-être, sommes-nous à la recherche d'une pince à linge en demi-couronne pour accrocher les soixante manteaux doublés de fourrure de guinée de nos natures immortelles. Il faut avoir une cheville ; mais c'est le manteau, et non la cheville, qui compte.

Et donc retour sur mes traces. Les habitudes sont de bonnes choses ; un cadre donne un sens à la vie, et le cricket et le football constituent un porte-chapeau aussi bon pour la littérature, la romance et l'amitié que la routine d'un fonctionnaire, d'un employé de banque ou d'un contrôleur des impôts. Il doit y avoir un fond pour les couleurs vives, et c'est le mien.

III

CHACUN a une sorte de cadre, une série de casiers qui divise arbitrairement l'année en ses parties composantes. Pour Mayfair, il y a Ascot et Goodwood et la London Season. Pour le sportif, c'est le 12 août. Pour les joueurs de cricket, l'été commence le 1er mai avec le lancement du premier guichet et se termine lorsque la dernière balle est lancée à la mi-septembre. Il ne peut pas dire, comme le jardinier : l'été a commencé cette année plus tôt qu'il n'a duré. Il peut arriver l'été de la Saint-Martin, fin octobre, les jours de ciel bleu et de soleil doux, où les filles remettent leurs robes claires et où le thé est pris dans le jardin, et où les papillons se réveillent de leur sommeil hivernal. Mais il ne se souciera pas du bleu du ciel ni de la chaleur de l'air. Le football a commencé ; les paravents blancs sont empilés à l'abri du vent entre le pavillon et le mur.

Dans l'ensemble, il est enclin à ressentir du ressentiment face à l'aspect inhabituel du temps. Il considère que c'est une perte de soleil. Il se souvient des journées humides de juin où il arpentait le pavillon avec ses bottes à pointes, écoutant la pluie battre sur le toit de tôle ondulée, regardant le guichet se transformer lentement en bourbier. Le soleil de l'hiver manque rarement de susciter en lui un sentiment de mal du pays. Le temps est donc proche du cricket, pense-t-il, et il se souvient que mai est encore dans quatre mois. Il se méfie également de l'été qui commence presque avant la fin du mois de mars. Il préférerait que le mois d'avril soit un mois pluvieux et froid. Nous n'avons droit, pense-t-il, chaque année qu'à un certain nombre de beaux jours. Nous en voudrons tout ce que nous pouvons lorsque le cricket sera de nouveau parmi nous. Le soleil est gaspillé lorsqu'il ne tombe pas de manière caressante sur les flanelles blanches et les parasols et sur le bruit de la batte sur la balle.

Il préférerait qu'avril soit froid et humide, même si, probablement en raison de la formation particulière du porte-chapeau de son époque, il sera obligé de prendre ses vacances au cours de ce mois, forcé parce que c'est le mois qui laisse une pause. entre les exigences du cricket et du football. Septembre ne le fait pas. Nous jouons notre dernier match de cricket vers le 13 et le samedi suivant, le District Railway nous emmène au Old Deer Park et aux épreuves de rugby. Il n'y a pas de répit en septembre. Mais en avril, il n'y a pas de cricket, et seulement quelques parties décousues de rugger ; le terrain est trop dur, le soleil est trop chaud et sept mois d'affilée suffisent amplement. Nous doublons nos bottes, les mettons sur l'étagère, commençons à huiler nos chauves-souris et passons quelques samedis après-midi dans des loisirs confortables.

Je pars presque toujours moi-même en avril, non pas parce que j'en ai particulièrement envie, non pas parce que j'ai besoin de repos : le cricket, le plus complet de tous les repos, n'est-il pas imminent ? mais parce que des vacances qui impliquent un abandon soudain de la routine, des intérêts et des relations sont notre seule chance de retrouver ce sens des proportions que nous avons tendance à perdre si rapidement à Londres. C'est l'équivalent de la retraite catholique ; une pause; la fourniture d'un angle de détachement. Si l'on a une vie variée et amusante ; si l'on aime son travail; Si aucun endroit ni aucune personne ne vous énerve particulièrement, alors les vacances sont, du simple point de vue du plaisir, une extravagance inutile. Je rentre rarement chez moi sans penser que j'aurais pu m'amuser plus pleinement et à moindre coût à Londres. Je considère les vacances, les vacances formelles, c'est-à-dire non pas un séjour impromptu de quatre jours à Bruxelles ou à Paris, mais un peu comme un devoir.

A Londres, nous rencontrons toujours les mêmes personnes. Chacun sait tout de chacun, ses arrangements et enchevêtrements littéraires et domestiques, ses goûts, ses ambitions, ses particularités ; et cela nous donne un sentiment excessif de notre propre impuissance. Il est sain pour nous d'être transportés dans une société où l'on ne lit pas de livres et où l'on ne parle pas d'écrivains, où nous sommes tous étrangers les uns aux autres.

C'est là le principal charme des auberges de campagne isolées. On ne sait jamais qui on peut rencontrer, on rencontre toujours de nouveaux types ; et il est souvent plus facile de parler intimement à une connaissance qu'à un ami.

Il y a trois ans, je suis parti quinze jours dans un petit village du Sussex, à dix milles de toute gare. C'est juste en dessous des Downs, et depuis la fenêtre de ma chambre, je pouvais voir les ombres se déplacer sur eux tôt le matin. J'ai parfois pensé, en la regardant depuis un balcon à Hammersmith, que je ne verrais jamais d'objet naturel plus varié que la rivière. Ses gris, ses verts et ses bruns se succèdent continuellement, les lumières et l'eau prenant des nuances différentes sous l'influence des marées et des courants. « Je ne verrai jamais rien de mieux que la rivière », disais-je, et je ne le sais pas. Pas mieux; mais les Downs sont aussi bons. Ils sont aussi colorés que la rivière : bruns, verts, noirs, presque rouges sous certains aspects. C'est merveilleux de voir le soleil passer sur eux ; les longues ombres changent de position au cours de l'après-midi, révélant des projections inattendues du sol. Ce sont les Downs, je suppose, qui attirent les gens vers cet endroit ; aucune célébrité n'y habite, il n'y a pas de colonie artistique, pas d'industrie locale ; il n'a pas été rédigé par la Sussex Cyder School. Et pourtant, il y a suffisamment de visiteurs pour soutenir un hôtel vraiment tout à fait supportable.

Ce n'est pas intelligent ; Je ne peux guère complimenter notre hôte sur sa cave, et il n'y a pas beaucoup de choix de nourriture ; mais les chambres sont grandes et deux des fenêtres du fumoir peuvent être ouvertes. Il ne fait pas très gai les jours de pluie, mais j'ai été moins à l'aise dans un hôtel chic de Bruxelles à quatre-vingts francs par jour.

Et on rencontre des gens pittoresques. De drôles de vieux couples discutant de l'impôt sur le revenu ; des jeunes gens en lune de miel ; des politiciens à la retraite enterrés sous le *Morning Post* . Ce fut un véritable frisson, cette première soirée au Downs Hotel. J'ai pris un long bain chaud après mon voyage, je me suis changé tranquillement, j'ai soigneusement brossé le peu de cheveux qu'un casque d'acier m'avait laissé et j'ai attendu le gong du dîner. Je descendis aussitôt, choisis une table aussi éloignée que possible de la porte et regardai les résidents réguliers descendre lentement en foule. Et lorsque, le deuxième soir, le serveur est venu me demander si cela me dérangerait qu'un autre monsieur soit assis à ma table, j'ai pu lui assurer honnêtement que ce serait un réel plaisir pour moi.

Mais une demi-heure plus tard, je dus avouer qu'il aurait pu me trouver un compagnon plus intéressant.

C'était un homme massif, trapu, à la mâchoire carrée, rasé de près, d'âge moyen ; le genre d'homme qui joue le rôle de l'homme d'affaires fort dans les films américains, qui est assis sur une chaise avec un cigare enfoncé sur le côté du visage, la main sur le combiné de son téléphone, tandis qu'une secrétaire dans un coin regarde les fluctuations du magnétophone. Le genre d'homme, en effet, qu'on rencontre trop souvent à Londres pour pouvoir accueillir avec enthousiasme en vacances.

Et il ne voulait pas parler.

J'ai hasardé quelques remarques sur la crise commerciale, qu'il a écoutées avec intérêt, reconnaissant que les choses allaient mal. J'ai discuté de la situation en Russie et il a estimé que des mesures drastiques s'imposaient. Il était d'accord avec tout ce que je disais, et on ne va pas très loin dans une conversation quand son compagnon ne dit jamais autre chose que : « Oui, je pense que c'est tout à fait vrai. C'est exactement ce que je ressens moi-même.

Il s'est montré un peu plus enthousiaste lorsque j'ai dit que le beau temps serait à l'avantage de l'Angleterre lors de l'International, mais ses opinions étaient celles de la presse quotidienne. Il pensait que nous avions eu de la chance de battre la France, que Davies et Kershaw étaient les seuls hommes dans l'équipe à atteindre le niveau de 1913 et que Lowe mourait de faim comme d'habitude. Oui, il allait souvent à Twickenham. Si j'avais vu l'essai de dernière minute de Pillman contre le Pays de Galles juste avant la guerre, et l'essai de FE Chapman à la première minute en 1910. Il connaissait certainement quelque chose sur le football, mais rien qu'il n'aurait peut-être pas appris dans les colonnes du *Sportsman* , et d'ailleurs, ce n'était pas pour discuter de football que j'étais venu dans le Sussex. J'ai commencé à regretter mon empressement à accepter sa compagnie. Il avait l'air du genre de gars qui s'en tenait à un seul, qui viendrait probablement me voir le lendemain après le petit-déjeuner en me disant : « Eh bien, et que diriez-vous d'une promenade ce matin ?

Je ne devrais pas pouvoir refuser. Il insisterait pour marcher jusqu'au sommet des Downs. De quoi m'étais-je chargé ? Immédiatement après le dîner, je suis monté directement dans ma chambre pour éviter une intimité accrue autour d'une cigarette et d'une liqueur.

Le lendemain matin, je me suis réveillé pour voir la ligne des Downs cachée dans la brume et la pluie. « Une journée passée au fumoir, me disais-je, et dans un si petit endroit je ne pourrai éviter mon camarade d'hier soir. Peut-être qu'il joue aux échecs. Fort de cet espoir, je pris mon bain, me rasai, m'habillai et descendis dans la salle du petit déjeuner. Mon ami était avant moi. Il y avait une théière et une assiette sale sur la table. J'étais content du répit.

Mais je le trouvai dans le fumoir, assis, comme je l'avais soupçonné, dans le meilleur fauteuil, les pieds de chaque côté de la cheminée. Il lisait un livre. J'ai regardé par-dessus son épaule pour voir de quoi il s'agissait et j'ai lu en haut de la page de gauche : *La théorie de la relativité d'Einstein* .

C'était donc tout. Un maître d'école. Pourquoi n'y avais-je pas pensé avant ? Un maître d'école qui avait depuis longtemps abandonné l'habitude d'une pensée indépendante, qui ne s'intéressait qu'à l'athlétisme et se méfiait même de lui-même, fondant ses opinions sur des autorités classiques. « Un esprit, dis-je, qui est mort depuis de nombreuses années, mais qui continue d'acquérir des informations. Il a entendu quelqu'un parler d'Einstein dans la salle commune et estime qu'un maître d'école doit savoir quelque chose sur tout. Alors il achète un manuel à la gare — un raccourci vers la connaissance, telle est sa conception de l'éducation.

Et ce soir-là, au dîner, je décidai de l'entraîner sur son terrain. J'ai parlé des systèmes éducatifs de la France et de l'Allemagne. J'ai comparé le Lycée à l'École Publique.

« Nous ne comprenons pas l'éducation en Angleterre », ai-je dit. « Nous envoyons les garçons d'une classe à l'autre, un peu de latin par-ci, un peu de français par-là, une demi-heure de mathématiques et un peu de sciences. Nous appelons cela un enseignement général. Il n'en est rien. C'est connaître un peu plusieurs choses, mais rien de complètement ; et il vaut mieux connaître une chose à fond que cinquante choses par bribes.

J'ai fait une pause, attendant d'être contredit.

« Vous avez peut-être raison, dit-il. « Mais je ne suis pas en position de juger. Je ne connais rien aux écoles publiques.

"Mais certainement--"

"Non; Je n'y suis jamais allé et, bien que j'aie rencontré un bon nombre d'élèves des écoles publiques au cours de ma vie, j'ai eu peu d'occasions de comparer leur niveau d'intelligence avec celui des Français et des Allemands. Vos critiques ne s'appliqueraient pas aux hommes que je connais, car nous sommes tous plus ou moins des spécialistes de l'armée.»

Un soldat! Et lire Einstein. Je n'aurais guère été plus étonné si j'avais découvert un curé lisant Casanova.

"Vous êtes surpris?" il a dit.

« Eh bien, un peu ; Je ne te considérais pas comme un soldat.

« Alors je suppose ; on ne le ferait pas, mais je le suis, cependant. Un major dans les Inniskillings.

Et, pour cacher ma surprise, je me mis à l'interroger sur la guerre ; qui avait été sa division; où était-il à Cambrai ; était-il allé à Ypres ?

Mais, après le dîner au fumoir, j'ai tourné la conversation vers la philosophie et la science. J'ai oublié comment j'y suis parvenu, probablement grâce à Platon. La théorie de l'amour platonique fournit un pont facile pour qu'une discussion sur la vie militaire puisse passer aux domaines de la spéculation. Et le Major a ensuite défini avec un réel enthousiasme la différence entre la vision socratique et aristotélicienne de la connaissance. Ses yeux brillaient pendant qu'il parlait. Mais il n'y avait aucune originalité dans tout ce qu'il disait. Sa conversation était un résumé de la préface des Dialogues socratiques dans l'édition Everyman. Sur aucun sujet il n'était capable d'une pensée indépendante.

« Vous devez avoir fait une étude considérable de philosophie », dis-je.

"Oui. C'est la seule chose qui me tient vraiment à cœur. Je n'ai pas mal réussi dans l'armée et, dans l'ensemble, je suppose que j'y ai été heureux. Mais j'ai toujours pensé que mon esprit était naturellement orienté vers la spéculation plutôt que vers l'action. J'ai toujours fait un effort pour concentrer mon attention sur mon travail militaire. J'aurais préféré une vie d'étude tranquille.

Un air de résignation mélancolique traversa son visage et j'attendis qu'il continue. Il était d'humeur où la confiance vient facilement, et il est moins difficile de révéler même les secrets les plus intimes de sa vie à un étranger, à une personne qu'on n'a jamais rencontrée auparavant et qu'on ne reverra probablement jamais, que à une connaissance avec laquelle on est mis en contact quotidiennement.

« Oui, dit-il, j'aurais préféré une vie d'études. Je n'ai jamais voulu entrer dans l'armée. C'était une question d'argent. J'étais un enfant unique. Mon père, fonctionnaire, est décédé quand j'avais trois ans et j'ai été élevé par ma mère. Je ne suis jamais allé à l'école. J'avais peu d'amis. J'avais l'habitude de m'asseoir et de lire pendant des heures ensemble ; il y avait l'idée de mon entrée dans l'Église. Mais ma mère est décédée quand j'avais quinze ans et je suis allé vivre chez un de mes oncles, le frère aîné de mon père. Il n'était pas aisé. Je doute fort que, même s'il l'avait voulu, il lui aurait été possible de m'envoyer à l'Université. Mais il n'a jamais envisagé le projet. Il ne considérait pas l'Église comme une carrière convenable pour un homme, en tout cas pas pour le fils de son frère. Pendant environ un mois après la mort de ma mère, il s'est montré patient et sympathique avec moi. Mais, quand il crut que le premier chagrin était passé, il reprit son attitude professionnelle habituelle. Un matin, après le petit-déjeuner, il m'a demandé de venir dans son bureau.

« « Ah, viens, John », dit-il. "Maintenant, viens, amène ta chaise devant le feu et discutons de ce qui va t'arriver !"

« Je suis sûr qu'il a fait de son mieux pour me comprendre. Il me considérait alors, je le sais – car il me l'a dit depuis – comme un ridicule dorlotant.

« « Tu ne serais pas l'homme que tu es maintenant, John, si je ne t'avais pas envoyé dans l'armée. »

« Il me l'a dit il y a seulement quelques mois. Et j'ose dire qu'il avait raison. Je n'étais pas du tout le genre de garçon qu'il admirait. J'ai dû être une grande inquiétude pour lui.

"Et il ne t'a pas laissé le choix ?" J'ai dit.

« Pratiquement aucun, et j'étais trop malheureux à ce moment-là pour me soucier vraiment de ce qui m'arrivait. Je me suis assis dans le fauteuil et j'ai dit « Oui », « Oui » et « Oui ». En vingt minutes, le cours de ma vie était réglé. C'est plutôt étrange quand on y pense. Nous vivons soixante-dix ans. Mais tout ce qui nous arrive pendant ces soixante-dix années peut dépendre du déroulement d'une conversation qui dure vingt minutes et qui a lieu avant que nous ayons vécu un quart de notre vie, alors que nous n'avons aucune expérience du monde.

«J'ai passé un mauvais moment au début. C'était, comme mon oncle l'appelait, « une remise en forme ». Sandhurst n'est pas amusant pour un homme qui n'est jamais allé à l'école. On m'a donné un bain d'encre parce que j'étais assis du mauvais côté de l'antichambre. Je n'étais pas doué pour les jeux et je pouvais voir à quel point les sergents et les officiers me méprisaient. Mais j'ai finalement réussi à rentrer dans ma boîte.

« Je pense que vous avez fait quelque chose de plus important en gagnant contre tant d'adversités, dis-je, que tout ce que vous auriez fait assis dans votre bureau. Vous avez réussi une carrière qui ne vous convenait pas. C'est une grande chose.

Il semblait content que je dise cela.

"Oui. Je suppose que j'ai réussi, dit-il, et cela n'a pas été facile. C'était à contre-courant et j'ai eu des tentations – une grande tentation.

"Oui?"

« Au moins, je suppose que c'était une grande tentation, et je suppose que j'ai bien fait d'y résister ; Je ne sais pas. Je n'ai jamais réussi à me décider. J'aimerais plutôt...

Il fit une pause, un peu incertain, et me regarda intensément sous ses grands et lourds sourcils.

"Je devrais être très intéressé et, bien sûr, je devrais considérer tout ce que vous pourriez me dire comme une confiance", dis-je.

"Je n'y pensais pas", a-t-il déclaré. « Mais bon, de toute façon, cela n'a plus beaucoup d'importance, maintenant. Autant vous le dire.

Et je me suis assis sur ma chaise et je me suis préparé à l'histoire habituelle : un choc entre l'amour et le devoir ; c'était ce à quoi je m'attendais. L'épouse d'un frère officier; une scène de passion et de résignation ; et puis le long regret, qui s'approfondit avec les années. C'est une histoire assez fréquente, même si chacun considère sa propre version comme étant particulière à lui-même. Mais l'histoire de la tentation du major était tout autre, ou peut-être serait-il plus vrai de dire que c'était la même histoire vue d'un autre côté. C'était un conflit entre l'honneur et ce qu'il appréciait le plus au monde. Car il était le genre d'homme dans la vie duquel les femmes ne jouent qu'un rôle occasionnel. En tout cas, c'était son histoire telle qu'il me la racontait.

« C'était dans l'Est, dit-il, mais je ne vous dirai pas où ; et il y a eu des ennuis, je ne vous dirai pas quoi. Cela n'a jamais été publié dans les journaux et cela n'a rien à voir avec l'histoire. À cette époque, j'étais un subalterne assez haut placé et, avec une demi-compagnie, je gardais l'embouchure d'une petite rivière. Notre tâche principale était de veiller à ce qu'aucun bateau ne le franchisse sans être fouillé. C'était un travail assez paresseux ; pas beaucoup d'inquiétude, et il y avait une jolie petite ville à trois milles en aval de la rivière, où j'avais l'habitude d'aller le soir prendre un verre et fumer. C'est ici que j'ai rencontré un soir un de ces Européens qui ont vécu si longtemps à l'Est qu'ils ont perdu leur nationalité. Son visage et ses mains étaient bruns et il ne s'était pas rasé depuis au moins trente-six heures. Il avait l'air sale et manquait de respect pour lui-même.

« Nous avons parlé un moment de choses indifférentes, et tout le temps je sentais qu'il me regardait attentivement avec ses yeux rusés. Puis soudain il fit un signe maçonnique. J'ai répondu. Et il poussa un soupir de soulagement.

« « Je l'avais espéré, dit-il, mais je n'en étais pas sûr ; cela rend tout beaucoup plus simple. Maintenant, je peux dire ce que je veux, et ce sera un secret entre nous. Vous ne briserez pas votre foi.

"J'ai hoché la tête.

« Il se pencha en avant par-dessus la table, le visage encadré dans ses mains.

« — Vous avez vu un navire au large ce matin ?

« ' Oui', dis-je.

« Je suis sur ce navire. J'ai des documents très importants que je souhaite faire parvenir à ce village, mais je ne peux pas le faire à cause de vos avant-postes.

« — Mais nous laissons passer toutes les marchandises après les avoir fouillées.

« Vous ne permettrez pas le passage à ce que j'apporte ? »

« ' Des fusils ?'

« J'ai sur ce navire plusieurs milliers de livres d'opium et je ne peux pas le faire passer à l'intérieur du pays.

« Il s'attendait à ce que je sois surpris, mais j'ai beaucoup joué au poker dans le désordre et j'ai appris à ne pas laisser mon visage exprimer mes émotions.

« « Eh bien, dis-je, et qu'est-ce que cela a à voir avec moi ? »

« ' Vous pouvez m'aider à m'en sortir.'

« C'est tout ce que vous avez à dire ? » et je me préparai à me lever.

« — Non, non, dit-il ; 'asseyez-vous. Ne soyez pas idiot. Écoutez-moi.'

«Je l'ai regardé droit dans les yeux pendant un moment.

« « Je ne ferai pas ce que tu veux que je fasse. »

« « Si seulement vous vouliez écouter. »

«Je ne sais pas ce qui m'empêche de traverser la pièce pour rejoindre ce policier et de vous faire arrêter. »

« ' Votre serment.' Et un sourire brillait dans ses yeux sournois. « Vous ne rompriez jamais votre serment de maçon. Je ne le ferais pas et je ne devrais pas me considérer comme un homme d'honneur. Je sais que je suis en sécurité lorsqu'il s'agit d'un maçon. Et, se penchant par-dessus la table, il toucha ma manche en la tirant un peu. « Ce sera si simple, » dit-il doucement. « Il n'y a qu'une seule sentinelle sur la rivière. À dix heures moins cinq, vous partez en tournée. A dix heures, le cuisinier apporte un dixie plein de cacao. Je pourrais te donner un peu de poudre que tu mettrais dans la coupe de la sentinelle. Il s'évanouirait. Pendant une heure, il ne saurait rien. À cette époque, un bateau pouvait remonter la rivière et être repris. La sentinelle récupérerait. Il se secouait, se remettait à son poste et ne disait rien. C'est tout à fait sûr.

« «Je ne le ferai pas.»

" ' Mais pourquoi pas? Si vous ne me laissez pas passer, quelqu'un d'autre le fera, plus loin sur la côte. Il s'agit d'attendre, et j'aimerais mieux ne pas attendre, mais tôt ou tard je retrouverai mon ami. On peut tout faire avec deux mille livres.

« « Deux mille livres ! »

« C'est ce que je propose. De gros profits peuvent être réalisés avec l'opium.

« Mais vous ne pourrez pas soudoyer un officier britannique. »

« Il en a ri.

« « Chaque homme a son prix, et c'est le Premier ministre de Grande-Bretagne qui l'a dit. Même les officiers britanniques sont contents d'avoir un peu d'argent de poche. Bien?'

"Je n'ai rien dit. J'ai pris mon chapeau et mon bâton et je me suis levé.

« « Très bien, dit-il, mais ne soyez pas si pressé et rappelez-vous que si vous ne le faites pas, quelqu'un d'autre le fera. Pourquoi devrait-il avoir l'argent plutôt que vous ?

« Je sortis rapidement du restaurant, mais j'avais à peine parcouru une centaine de mètres quand, mettant la main dans ma poche pour une boîte d'allumettes, je sentis mes doigts toucher un sac à main en cuir lisse. Je l'ai sorti, je l'ai ouvert et j'ai vu à l'intérieur une petite enveloppe grise. À l'intérieur de l'enveloppe se trouvait une poudre rougeâtre.

«Je n'oublierai jamais ce que j'ai enduré au cours des prochaines heures. J'ai avancé tous les arguments que je pouvais invoquer : le devoir, le patriotisme, mon nom, mais il me restait toujours à l'esprit cette pensée : « Deux mille livres signifient un revenu de cent livres par an. Je peux démissionner de ma commission et passer le reste de ma vie à étudier tranquillement. Je commençais à imaginer les longues soirées devant un feu, avec une lampe éclairant doucement mon livre, et je les contrastais avec l'atmosphère enfumée du mess et les interminables anecdotes du colonel. Et il n'y avait aucune véritable raison pour que je refuse cette opportunité. Quelqu'un d'autre l'accepterait. L'opium était assuré de parvenir à destination. C'était la chance que j'avais attendue toute ma vie : elle ne se reproduirait plus.

"Mais tu as refusé ?" J'ai dit.

"Oui. Je l'ai fait, et je ne sais pas si j'ai agi sagement ou non. J'ai eu des tourments d'esprit, et quand mon ordonnance est venue à neuf heures et demie pour me dire qu'il était temps pour moi de commencer ma tournée, j'ai su que si j'arrivais là-bas, je ne pourrais pas résister. Alors j'ai sorti une bouteille de whisky, j'ai rempli mon verre, j'y ai renversé la poudre, et avant que la poudre rouge n'ait eu le temps d'atteindre le fond, j'ai porté le verre à ma bouche et je l'ai vidé.

« C'était un bon médicament pour l'usage pour lequel il était nécessaire. Je me suis assis sur ma chaise. Je ne me suis pas senti malade, ni malade, ni étourdi. Je suis parti et quand j'ai repris conscience, il était dix heures et demie passées et j'étais en sécurité. Je n'ai ressenti aucun effet néfaste.

"Et c'était fini ?" J'ai dit.

« En ce qui me concerne. Mais je suppose que l'histoire ne s'arrête pas vraiment là. J'ai rencontré le même homme quelques mois plus tard dans un autre café quelques kilomètres plus loin sur la côte. Il avait l'air plus propre et plus intelligent que lorsque je l'avais vu auparavant, et il m'a salué avec effusion et m'a offert à boire. Au bout d'un moment, il m'a pris à part.

« « Tu étais un imbécile », dit-il.

« J'ai haussé les épaules.

« Je suis content de l'avoir été, alors. »

« — Vous avez été un imbécile, répéta-t-il, et que s'est-il passé ? Vous jetez deux mille livres, quelqu'un d'autre les récupère.

«

" ' Bien sûr. Qu'est-ce que je t'avais dit? Le monde n'est pas plein de Joseph.

« Et deux semaines plus tard, l'un des officiers de mon entreprise a demandé l'autorisation de rentrer chez lui pour se marier. Nous étions tous surpris, car il n'avait pas beaucoup d'argent – seulement son salaire – et on l'avait souvent entendu se plaindre de la durée de ses fiançailles. Quand quelqu'un lui demandait si sa grand-mère était décédée et lui avait laissé une fortune, il rougit maladroitement et dit quelque chose à propos d'un peu de chance à cheval.

"Il ne nous a jamais rejoint après son mariage."

Il s'est arrêté et nous nous sommes regardés pendant un moment.

« Et vous vous demandez si ce que vous avez fait était bien ou non ?

"Oui; Je me le demande depuis douze ans et je me le demanderai jusqu'au bout. Si j'avais donné la poudre à la sentinelle plutôt qu'à moi-même, j'aurais pu passer la fin de ma vie comme j'aimerais la passer. Et je ne sais pas si cela aurait été une erreur. J'ai tendance à penser que la fin justifie les moyens et que, de toute façon, l'affaire devait être accomplie. »

« Mais après tout, dis-je, dans l'ensemble, vous avez été heureux dans l'armée ?

« Oh oui, dit-il, j'ai été assez heureux, mais ce n'est pas le genre de vie auquel j'étais destiné. Ce n'est pas facile à expliquer, mais je pense que cela aurait pu être bien plus heureux si les aspérités avaient été légèrement coupées.

Et pendant un long moment il resta silencieux. Il pensait sans doute à la tragédie tranquille d'une vie vécue heureuse mais pas intensément. Mais je pensais à la bienveillante Providence qui échappe à notre contrôle la gestion de nos destinées et qui a sauvé ce vieux soldat curieux d'une carrière de spéculation qui n'aurait pu se terminer que par un échec pathétique.

IV

MAIS ce n'est pas seulement, ni même surtout, en rencontrant de nouveaux types de personnes que l'on peut arriver à cet angle de détachement. Nous avons besoin d'un changement complet de décor. Il serait difficile de surestimer l'influence subconsciente de notre environnement sur nous. Une soudaine sensation gustative et odorante nous rappellera un cycle de mémoires associées. L'aperçu à travers la fenêtre d'un wagon de chemin de fer d'un toit à pignon, d'un clocher carré, d'un soleil particulier sur une brique rouge ouvrira les pages d'un chapitre dont nous avions presque oublié l'existence ; révélera en relief, en perspective – avec une réalité objective qu'à l'époque elle ne nous concernait pas – une facette du passé. L'évidence, la réflexion superficielle sur de tels événements serait l'expression d'une surprise qu'une affaire aussi insignifiante que le goût du cacao, l'odeur de la pierre mouillée, l'aperçu d'une église à tour carrée, devienne une fenêtre ouverte sur l'enfance. Mais il serait probablement plus proche de la vérité de supposer que ces moments de vue et de goût dont, à l'époque, nous reconnaissions à peine l'existence et auxquels nous n'attachions aucune valeur, constituaient une partie essentielle du cadre de nos pensées. , nos espoirs et nos actions, et que c'est d'eux que ce que nous en sommes venus à considérer dans nos vies comme personnel et important tirait sa nourriture, sa couleur et sa direction.

Comme les romans d'Alphonse Daudet baignent dans le soleil du midi et dans la bonté simple et paresseuse qu'il engendre, ainsi sont les contes de Maupassant enfants de la boue, des lumières, de la pluie, des galanteries de Paris. Ainsi, sur la poésie et les romans de Thomas Hardy repose l'ombre profonde de la campagne du Wessex. Et parmi ces nombreuses influences qui tendent, à notre insu, à rendre notre vie gaie ou sombre, profonde ou superficielle, ou il serait peut-être plus juste de dire qui tendent à accentuer en nous ces caractéristiques gaies ou sombres, profondes ou superficielles. , il y en a peu qui nous touchent plus sûrement ou plus étroitement que celle de la nature des bâtiments, des rues, des magasins, des églises parmi lesquels nous vivons.

Il vaudrait la peine, en effet, de se demander si l'érudit classique d'une fondation ancienne tire le sens de l'antiquité, cette connaissance que nous faisons partie d'un modèle dont les fils passent de chaque côté de nous et qui forme une forme si humaine. une base si tolérante pour ses idées et ses actions, plus de l'étude d'Homère et de Catulle que de la présence apaisante de tous côtés de vieux bâtiments, d'arcs et de cloîtres gothiques et de curieux quadrilatères. L'administration britannique, quoi qu'on ait pu dire à son encontre, a toujours été créditée d'une tolérance géniale, d'un refus admirable de se laisser déranger par des bagatelles, d'une politique du « laisser passer ».

Un capital lubrifiant social, cette caractéristique. Et je me demande s'il ne serait pas trop fantaisiste d'attribuer, en tout cas, une partie de cette placidité dans la classe dont sont issus la majorité des officiers et des fonctionnaires, à l'influence adoucissante des bâtiments scolaires où se déroulent leurs études. années les plus impressionnables. Il doit y avoir un tel effet, j'en suis sûr. Un esprit confronté continuellement aux survivances des premières générations acquiert un détachement du présent immédiat. Un garçon qui, sur son chemin d'une classe à l'autre, de la salle de classe au terrain de cricket et de la bibliothèque à la chapelle, a toujours devant lui les témoins silencieux gris-brun de la continuité et de la tradition, ne peut s'empêcher de penser souvent consciemment, et inconsciemment, un nombre incalculable de fois : « tout cela se passait il y a deux cents ans et, sans changement très considérable, cela continuera dans deux cents ans ».

Cette sensation que nous ressentons rarement, voire jamais, à Londres. Je doute qu'il y ait sur la route où j'habite une seule brique vieille de cinquante-cinq ans. Il y a vingt ans, Golders Green n'existait pas. J'arrive à peine à imaginer cette route de North End telle qu'elle était au printemps 1907, lorsque mon père a décidé de construire une maison ici et de l'appeler Underhill. C'était une affaire boueuse et non pavée, avec des champs de chaque côté, autant que je m'en souvienne : et cela le resterait, nous a-t-on dit, car le tube de Hampstead était en construction, et il serait impossible de construire des maisons dessus. l'écart étroit entre celui-ci et la route. Land's End nous a paru un moment après nos neuf années passées dans une artère miteuse de West Hampstead. Il n'y avait pas de magasins à l'époque à Cross Roads. Nous avons dû traverser la lande jusqu'à Hampstead. En effet, seul un train sur quatre ou six arrivait à Golders Green. Hampstead, Highgate, Golders Green ; c'était alors le panneau électrique sur la plate-forme d'Euston. Il n'y a pas eu de non-stop. Et il fallait décider s'il serait plus rapide et plus agréable de traverser la lande à pied ou d'attendre un train Golders Green.

Et puis la banlieue-jardin est arrivée, et les constructeurs ont découvert qu'il y avait suffisamment de place pour une rangée de maisons entre la voie ferrée et la route, et Smith, Boots et Sainsbury ont ajouté chacun une autre branche à leurs activités. Et les bus ont cessé de s'arrêter à Child's Hill et les métros à Hampstead. Et en quatre ans, le carrefour est devenu un endroit aussi propice que Piccadilly pour que les imprudents se fassent écraser.

Quand je suis rentré à la fin du premier quadrimestre, lors de ma prépa. J'avais du mal à reconnaître North End Road. Je crois que si j'avais été transporté là-bas en voiture pendant la nuit, je n'aurais pas su où je me trouvais, pas plus que je n'aurais su où je me trouvais si, au printemps 1920, je m'étais retrouvé tout à coup à côté du château de Potije, sur la route de Ypres à Zonnebeke. Golders Green a pris vie aussi rapidement et au hasard que les zones dévastées. Cet immense hippodrome qui se présente à vous lorsque vous tournez à gauche en sortant de la gare ; ils n'avaient pas commencé à y travailler lorsque je retournai à Sherborne à l'automne 1913 ; mais le rideau s'est levé le lendemain de Noël. En moins de trois mois, ils l'ont construit ; travailler du début à la fin contre la montre. Ils n'ont pas eu le temps d'installer un appareil de chauffage. Ce premier soir, nous grelottions dans nos capotes ; mais en une semaine, les incendies se sont accumulés. La chaleur nous tombait dessus depuis le plafond . Un exploit, sans aucun doute. Golders Green est un endroit confortable et spacieux. Il y a la bruyère pour l'exercice ; l'hippodrome pour s'amuser ; il y a des barbiers, des bains, des cinémas, des tramways, des métros, des bus et une station de taxis ; une horloge lumineuse aux carrefours ; deux restaurants. Un endroit, me dit-on, où l'on peut danser, même.

Un avant-poste impressionnant, sans doute du Newer London : un bel hommage au progrès et à l'invention mécanique. Mais il y a une chose que, malgré toutes vos recherches, vous ne trouverez jamais à Golders Green. Vous ne trouverez nulle part la moindre indication que le monde était habité il y a cent ans.

Vous ne trouverez pas non plus une telle indication à Tottenham, à Balham ou à Upper Clapton ; de nouvelles rues ; de nouveaux magasins ; de nouvelles maisons ; prenez la route que vous choisirez à travers n'importe quelle banlieue de Londres : vous trouverez partout les mêmes carrefours, avec leurs policiers et leurs voitures électriques ; et le cinéma à la façade en pierre blanche ; et l'empire local, et la longue étendue de villas individuelles et jumelées, avec leurs garages et leurs jardins, très agréables, très propres, très confortables : divertissements bon marché et bons divertissements ; comme les grands-parents ne le savaient pas. Mais ce sentiment d'antiquité ; ces souvenirs dans les pignons aux coins des rues d'autres hommes et d'autres fortunes, cela nous est perdu. Les vieilles rues et les vieux bâtiments sont balayés. L'histoire de Londres ne peut être trouvée que dans les endroits où l'on n'a pas les moyens de vivre et dans les endroits où l'on ne voudrait pas vivre. Nous n'avons pas de paysage éternel pour nous parler du passage de la vie humaine. Nous n'avons pas d'équivalent pour les Sussex Downs ; les Downs qui n'ont pratiquement pas changé depuis que les Romains y ont campé. Nous n'avons ni la modestie ni la fierté du patrimoine. Le sentiment familial meurt là où il n'y a pas de siège familial ni de biens familiaux. Nous sommes des parvenus, nous des citadins. Ce n'est qu'en nous détachant de notre environnement, à travers les voyages ou la compagnie des livres, plus particulièrement peut-être à travers des moments d'intense réalisation de soi où nous sommes en contact avec des instincts éternels ou des forces éternelles, que nous retrouvons notre sens. de valeurs, que nous nous considérons simplement comme une partie d'un modèle, un pas dans le son du passage.

Et c'est peut-être à la recherche d'une telle amulette que Clifford Bax et moi avons traversé la mer du Nord en avril dernier pour rejoindre la Norvège.

Ce fut un long voyage, avec vingt-quatre bonnes heures de pleine mer, vingt-quatre heures pour se demander quelle splendeur folle, quelle folie d'ambition irresponsable, poussèrent nos ancêtres vikings à déserter leurs fjords abrités dans ces fonds plats, leur embarcation à grande proue. Un long voyage peu héroïque de ma part, en tout cas. Je restai allongé sur le dos, sans remuer ni manger, me consolant du mieux que je pouvais avec le divertissant mais scandaleux *Sweet Pepper de Geoffrey Moss* .

Ce voyage pénible et exigeant en valait la peine, pour le bien des deux heures de traversée tranquille en fin de soirée à travers les fjords. Aucun pays n'accueille ses hôtes avec moins d'ostentation que la Norvège et ne s'appuie plus simplement sur ses propres acquis. Il n'y a pas de défilé de ports, de hauts bâtiments et de statues imposantes. Juste les longues étendues de cours d'eau en retrait, immobiles, de nombreux cours d'eau colorés, verts, gris et violets ; un pourpre qui scintille de temps en temps jusqu'au rouge riche et transparent de la mer d'Homère, la mer intérieure couleur vin d'Homère ; les voies navigables en voie de disparition, et autour d'elles les longues collines circulaires sans fin et aux crêtes basses. A peine un signe de vie, seulement de temps en temps, au-dessous des promontoires rocheux, un feu d'avertissement et, à proximité, sur le terrain, une petite maison en bois.

Mais la Norvège est un pays vide. Elle est aussi grande que l'Angleterre et compte trois millions d'habitants. Vous ne verrez aucune ville au cours du long voyage de quatorze heures de Bergen à Christiania. Seulement ici et là un ensemble de cabanes éparses et les longues étendues de fjords. Et il est remarquable qu'une si petite nation ait apporté une contribution aussi considérable à la littérature européenne. Une tâche inutile et sans espoir, cela devait parfois paraître, à notre avis, au jeune Norvégien. «J'écris», pourrait-on l'imaginer dire, «dans une langue que seulement trois millions de personnes sont capables de comprendre. Il est possible que mon œuvre soit un jour lue et appréciée dans les villes étrangères d'Europe ; mais il y sera lu en traduction ; et le phrasé, la couleur, le rythme, sur lesquels j'ai consacré tant de travail, en auront disparu. Si seulement j'étais né en Amérique !

Et puis nous nous sommes souvenus que la population de l'Angleterre à l'époque où Shakespeare écrivait était à peine plus nombreuse que celle de la Norvège aujourd'hui ; qu'il lui semblait intéressant d'écrire pour trois millions de personnes ; que ces choses, comme toutes les autres, sont relatives ; qu'il serait impossible sans détachement, sans sens des valeurs éternelles, de produire un chef-d'œuvre ; et qu'un homme comme Björnson saurait, par la simplicité directe de sa nature, qu'il suffit de labourer son sillon jusqu'au bout.

Nous étions en route vers Finse et ses sports d'hiver, et c'était passionnant de chercher les premiers signes de glace et de neige au bord de l'eau, d'observer à chaque étape du chemin la chute du thermomètre. Il semblait cependant que nous avions un peu plus froid, car c'est là le charme de la Norvège. Le soleil brille dans un ciel bleu et votre visage picote sous l'éclat que la neige projette sur lui. Il est cependant dommage qu'il faille porter des lunettes foncées pour protéger ses yeux. Il prive le ciel de sa couleur et, si l'on peut se permettre une telle expression, il semble blanchir la neige, avec l'effet d'un crépuscule irréel. Ce n'est que de temps en temps, par des aperçus, pour la plupart à travers les fenêtres, que l'on peut voir le paysage tel qu'il est réellement.

Mais ce n'est pas pour le paysage qu'on va à Finse ; les longues nappes de neige ont, il est vrai, une certaine beauté lointaine et froide qui leur est propre ; mais la vue continue de la neige est susceptible en soi d'être déprimante. Finse n'est pas, dirons-nous, un endroit idéal pour les vieillards et les infirmes ; il ne leur serait pas exaltant de rester assis toute la journée à regarder par la fenêtre du salon. Finse est presque le point culminant du chemin de fer Bergen-Christiania. C'est bien au-dessus de la limite de la végétation. Il se compose d'une gare, d'un hôtel et d'une demi-douzaine de baraquements. C'est tout simplement un campement au milieu des collines, et depuis les fenêtres de l'hôtel on ne voit que de la neige et des montagnes.

Mais on ne va pas à Finse pour s'asseoir dans les salons, c'est-à-dire jusqu'à la tombée de la nuit, quand on s'effondre sur des coussins, épuisé après une journée au ciel. Finse est le meilleur endroit au monde pour faire du ski ; en sa saison, c'est-à-dire en mars et avril et les premières semaines de mai. Pendant la saison suisse, c'est un endroit de brouillard et de brume et d'un soleil précaire d'environ trois heures, mais la neige y est fine et dure, lorsque Mürren est devenue une tourbière.

Nous y sommes allés en tant que novices, Clifford Bax et moi. Et c'est un bon endroit, Finse, pour le novice. Il est construit au bord d'un lac gelé la majeure partie de l'année ; et les berges qui y descendent en pente douce fournissent une échelle de difficulté croissante. Le premier matin, à cent mètres de l'hôtel, on trébuche impuissant sur une pente dont la pente est, je suppose, d'environ une sur cinquante. Dans l'après-midi, on est parvenu à le maîtriser. Et tandis qu'on revient fatigué prendre son thé, on regarde vers le sud, au-delà du lac, et on dit : « Je pense que nous essaierons cette pente demain. »

On ne peut pas, ou du moins on ne peut pas, cesser en six jours d'être novice. Mais nous avons réussi à nous amuser pleinement à gravir les pentes et à les dévaler. Peut-être que si nous avions été plus compétents, nous aurions moins apprécié cela. Une chose cesse d'être excitante quand on est certain de réussir, et qu'on évite la pente que l'on a descendue dix fois de suite sans désastre. Comme c'était excitant de rouler à vélo à cette époque. Comme nous étions fiers de descendre une colline en roue libre, comme nous attendions avec impatience le jour où nous pourrions monter et descendre sans endommager notre pantalon. Comme nous enviions le commerçant blasé qui semblait simplement prendre le guidon et sauter sur la machine. Et maintenant que nous savons faire du vélo, la dernière chose que nous ferions serait d'en rouler pour le plaisir.

Mais ce n'est pas vraiment un parallèle juste. Le cyclisme est une forme d'athlétisme dont la portée est limitée par la réglementation des carrefours, des véhicules automobiles et par la police. Vous ne pouvez pas agrandir votre métier. Mais le ski doit être comme le cricket et doit être toujours nouveau. Dès que vous pouvez faire une chose d'une manière, vous apprenez à la faire d'une autre. Nous passons des heures dans les filets à l'école pour apprendre à lancer une demi-volée droite au-dessus de la tête du lanceur ou au-delà du milieu du terrain sur l'herbe. Et puis, dès que nous l'avons obtenu, nous commençons à essayer de le tourner à mi-guichet, de sorte que je ne pense pas que nous puissions diriger les choses directement même si nous voulions, pas plus que Nevinson, un dessinateur précis et un lauréat. au Slade, pouvait dessiner un cheval qui ressemblerait à une photographie d'un cheval.

Et à Finse, il doit toujours y avoir de nouveaux mondes à conquérir. Et il doit toujours y avoir ce splendide sentiment d'exaltation compensatoire qui vient d'une forme physique complète. Il serait difficile d'imaginer une vie plus saine. Il n'y a pas de bar là-bas ; et pas d'heures tardives. Vous êtes au lit une heure avant minuit. Et vous vous réveillez merveilleusement en forme avec le petit-déjeuner le plus colossal que j'ai jamais vu.

Au milieu de la salle à manger se trouve une grande table sur laquelle est étalée une collection de plats incroyablement diversifiée. Nous les comptions un matin : ils étaient quarante-huit ; toutes sortes de charcuteries, toutes sortes de fromages, toutes sortes d' *apéritifs* . Et il y a des crevettes, des langoustines, des homards et des poudings au poisson ; il y a des omelettes aux œufs et au jambon, du curieux gibier froid, des fruits, des confitures et de la marmelade. Le petit déjeuner était une très belle aventure. On vous servait en outre un œuf à la coque et un verre de lait froid. On n'a jamais vraiment su s'il était destiné à être bu en cocktail, en liqueur ou en vin de table. Nous l'avons essayé des trois manières ; et c'était dans chacun également délicieux. Le petit-déjeuner norvégien est le meilleur type de repas que j'aie jamais mangé, je pense. et j'étais ravi de trouver certaines particularités personnelles avalisées par le goût norvégien. Quand je déjeune à la maison, je mange toujours ensemble de la marmelade et du fromage, de préférence du gruyère. C'est un goût protecteur qui s'est développé progressivement depuis l'époque où on me faisait manger quotidiennement du pudding au lait à ma prépa pendant quatre ans. C'était sans doute une forme de discipline très admirable. Mais depuis, je n'ai mangé aucun pudding d'aucune sorte et j'ai plutôt développé ce qui est, me dit mon frère, une habitude dégoûtante, mais que le Norvégien approuverait apparemment. En tout cas, ils placent côte à côte sur leur table du milieu des montagnes de gruyère et des bassines de marmelade. On l'appelait *Coldt bord*, cette table centrale, et nous avions pensé à y inscrire une ballade dont chaque ligne devrait être le nom d'un plat nouveau.

Une base noble, ce petit-déjeuner, pour une longue journée en plein air ; et le soir venu, on était heureux de s'asseoir et de causer tranquillement ; le cerveau frais et le corps fatigué. Cela ne fait pas partie de mon intention ici – et j'espère à moitié que ce ne sera jamais le cas – de dessiner des images de mes amis. Qu'il suffise de dire que les soirées se passèrent très joyeusement dans des conversations occasionnelles et intermittentes comme on ne peut en échanger qu'entre deux amis qui se connaissent si bien qu'ils ne se sont guère laissé de secret.

Il y a un voyage de huit heures de Finse à Christiania. Mais les voyages de huit heures à l'étranger ne semblent pas plus importants qu'un week-end à Brighton. À Londres, nous avons peur de tout endroit que nous ne pouvons trouver sur un plan de métro. Je ne suis jamais allé voir un match de comté à Leyton. « Au paradis, dis-je, mais c'est à des kilomètres. Je ne pouvais pas penser à y aller. Il ne m'est même jamais venu à l'esprit il y a trois ans de regarder la troisième journée du match Middlesex-Yorkshire à Bradford, alors que le championnat y était en jeu. Et pourtant, j'imagine que cela n'aurait pas été une affaire aussi terriblement fatigante. J'aurais probablement pu prendre un train vers dix heures. J'aurais dû lire quelques romans pour les réviser, déjeuner en chemin et arriver au sol peu après deux heures. J'aurais dû voir la fin du match. À six heures, j'aurais dû être dans le train, révisant un roman avant le dîner, l'autre après ; et arriver à la maison certainement avant minuit.

Je me souviens avoir été considérablement surpris l'été dernier lorsqu'un officier en congé indien m'a annoncé qu'il allait passer une semaine à Blackpool pour voir la compagnie D'Oyly Carte aux opéras Gilbert et Sullivan. "Seigneur," dis-je, "quoi, tout là-haut ?" " Cela ne semble pas très loin, " répondit-il, " quand vous venez de Poona. " Certes, nous n'avions pas l'impression d'entreprendre une grande entreprise en laissant derrière nous les montagnes et les neiges de Finse.

C'est une bonne ville, Christiania, propre, fraîche et compacte, avec de larges rues et une honnête pincée de restaurants et de cafés : une bonne ville, dirons-nous, pour y passer quatre jours.

Au bout de quatre jours, on commence à se lasser des vitrines des magasins, des musées et des bâtiments publics, ainsi que des allées et venues des cafés. Mais pendant quatre jours, il a été très agréable d'observer l'agitation de la vie dans une capitale étrangère. Très différent du nôtre, semble-t-il, le cadre de leur routine : leurs heures de repas, par exemple. Vous trouverez un avis à l'extérieur des principaux restaurants : Petit-déjeuner, 11-2 ; dîner, 14h-18h ; souper, 8h-11h. Entre six et huit heures, c'est-à-dire qu'on ne peut pas avoir un repas solide, et le gros repas de la journée se prend vers trois heures et demie. Les restaurants étaient presque vides à deux heures lorsque nous commencions notre déjeuner.

D'après ce que nous avons pu comprendre, la Norvège ne connaît pas notre lourd déjeuner d'une heure et demie, au cours duquel se traitent tant d'affaires rentables. Lorsque le Norvégien s'assoit devant une table avec un menu et une carte des vins devant lui, sa journée de travail est terminée. S'il ressent le moindre besoin de nourriture occasionnelle, il va dans un café et prend une collation.

Christiania s'est fait une spécialité du snack. Je suppose que tout étranger à l'étranger doit se demander qui fait le travail et quand il le fait. Il n'y a jamais nulle part de signes d'industrie. L'Italien qui se rend à l'Ovale un jour de semaine se demanderait certainement comment dix mille ouvriers pourraient se permettre de regarder le cricket un lundi. En effet, je n'ai pas encore découvert comment ils peuvent le faire. S'ils travaillent, ils devraient être dans des usines et des bureaux, et s'ils sont sans travail, on pourrait supposer qu'ils sont sans le sou. Il n'y a pas d'Ovale à Christiania, mais il y a, comme je l'ai dit, un bon nombre de cafés ; et le *bord froid* est répandu en guise de bienvenue. Pas aussi amplement peut-être que dans Finse. Mais tout de même largement de quoi faire un peu honte à un Anglais de l'hospitalité que la Bodega offre à ses hôtes. De superbes plateaux de *hors-d'œuvre variés* , de charcuterie et d'œufs pochés froids, et des sandwichs au fromage : des sandwichs qui sont une grande amélioration par rapport aux nôtres ; avec le fromage ou la viande disposés sur une seule tranche de pain et non entre deux tranches de pain, afin que vous puissiez voir ce que vous achetez et ne pas vous laisser tromper par l'achat d'un sandwich au jambon entièrement composé de graisse.

Je parle peut-être trop des plaisirs de la table, mais la nourriture participe pour une large part à la bonne organisation des vacances. Un sentiment d'indignation morale n'est pas une caractéristique à laquelle nous devrions être enclins à associer la personnalité attachante et fantastique de M. Norman

Douglas. Mais il a connu de tels moments ; et ceux d'entre nous qui considèrent la bonne nourriture et le bon vin comme deux dès plus grands dons de Dieu à l'homme, se souviennent avec gratitude de son attitude envers le voyageur qui avouait que ce qu'il mangeait ne le dérangeait pas ; et en vérité, c'était une révélation désarmante. « L'homme qui est indifférent aux femmes », fait dire George Moore à l'un de ses personnages, « est indifférent à toutes choses », tout comme l'homme qui est indifférent à la nourriture et au vin. Un tel projet est incomplet. Il manque de sens. C'est une anomalie. Et moi-même, je serais tout aussi peiné si quelqu'un me disait : « Oh, allons n'importe où, l'endroit où je dîne ne me dérange pas ». Je me sentirais aussi peiné, et d'ailleurs aussi choqué, que si quelqu'un qui m'avait demandé de lui prêter un livre disait : « Oh, n'importe quel vieux roman, je m'en fiche ! De loin préférable la dame qui disait à l'assistante de Bumpus : « J'ai un livre vert et un livre rouge, maintenant j'aimerais un livre bleu. Elle avait au moins le sens du décor, du *décor* . Son salon aurait été, j'en suis sûr, une très délicate symphonie de bleu et de gris, et la lumière de la lampe électrique serait tombée doucement sur un exquis désordre de coussins. Elle n'aurait certainement jamais dit : « Oh, allons n'importe où. L'endroit où je dîne ne me dérange pas. Elle saurait que le soir est l'artiste du trafic du jour, qui lisse, compose, sélectionne et réalise une harmonie à partir du désordre ; qu'il nous appartient de coopérer en choisissant le bon livre, le bon compagnon et le bon cadre.

C'est pourquoi le choix du bon restaurant est si important. Si nous avons envie de discuter, il y a notre club ou le Café Royal ; si nous sommes seuls et que cela nous amuserait de regarder danser les autres, ou si nous souhaitons ajouter comme arôme à la musique et à la danse la note un peu frappée de romances fugitives, il y a le balcon du Café de l'Elysée. Peut-être nous sentons-nous sentimentaux, et à telle table dans tel restaurant, au son de « Tango Dream » ou de quelque autre air d'antan que nous avons spécialement demandé à l'orchestre de jouer, nous nous rappelons une phase de la vie qui s'achève. , et cite avec une mélancolie de circonstance, Ah moi, ah moi, avec quel autre cœur... ! Et il y a encore des moments où nous demandons simplement un repas tranquille en notre propre compagnie.

C'est peut-être par chance, ou peut-être par instinct, que nous avons découvert dès notre premier jour à Christiania le Café du Théâtre : le restaurant était au premier étage et il y avait un groupe de musique sur le balcon au-dessus du café du premier étage. étage en dessous ; de sorte que la musique montait doucement et mystérieusement sur le sol, nous permettant ainsi de tisser facilement des histoires autour des différents couples des autres tables.

Cet homme d'âge moyen et la jeune fille assise à table près de la fenêtre étaient père et fille ; ou assistions-nous à la première scène, au prélude, de quelque grise séduction ? Ce jeune couple à deux tables de chez nous, ils ne faisaient pas attention à ce qu'ils mangeaient. Ils ne se parlèrent presque pas un mot ; mais leurs regards se rencontraient sans cesse : et en se rencontrant, ils souriaient. Elle ne portait pas de bague de fiançailles et nous nous demandions s'il lui proposerait cet après-midi-là, ou s'il lui avait déjà proposé alors qu'ils s'y étaient rendus ce matin-là en taxi. Étaient-ils assis maintenant timides et heureux dans le souvenir de leurs premiers baisers ? Nous nous demandions s'ils réussiraient leur vie ensemble. Ils étaient très jeunes, pensions-nous. Serait-elle encore jolie dans dix ans ? Son charme fragile survivrait-il en tant que femme ? Et nous avons décidé que cela dépendait en grande partie de la vie qui l'attendait, que sa vie n'était pas assez jolie pour supporter de longues heures de labeur et de travaux ménagers ; et nous espérions, dans cette atmosphère de musique invisible, que la fortune lui serait favorable, que son homme investirait judicieusement son argent et lui offrirait une grande maison et de nombreux domestiques.

Nous sommes allés plusieurs fois, à l'invitation de la direction, au Théâtre National, une fois pour une pièce moderne, une pièce du genre Galsworthy, l'autre fois pour un drame en costumes, *Madame Legros*, de Heinrich Mann. Nous n'étions, je pense, ni l'un ni l'autre capables de suivre de près les intrigues ; mais en compensation, nous avons pu étudier plus attentivement ces petites manières vestimentaires et de jeu qui sont obscurcies par la rapidité de l'action de la pièce ; que le dandy norvégien, par exemple, ne remonte pas son pantalon en s'asseyant. Et nous avons pu concentrer notre attention, plus que nous ne l'aurions dû autrement, sur les effets de scène, l'éclairage, la technique, la menuiserie de l'entreprise.

Mais c'est, je crois, comme tableau que le théâtre nous a surtout séduit. Le théâtre d'une petite ville tend à devenir, comme il ne pourra jamais espérer le devenir à Londres, un centre social et intellectuel. On semblait y être en contact avec la vie de Christiania. Et c'était agréable de flâner entre les actes sur la longue promenade derrière les étals, de regarder les différents groupes se saluer, se mêler et se séparer ; monter l' escalier sans colonnes et se diriger vers les grandes salles de réception, avec leurs chaises dorées et l'incontournable bar pour les collations ; les sandwichs au gruyère et jambon, et le Hansa Ol ; et c'était agréable de sortir dans l'air frais du balcon et de contempler la ville qui s'étendait sous nous dans l'ombre et la lumière. Au premier plan immédiat, les statues sévères d'Ibsen et de Björnson ; les arbres, les jardins et le kiosque à musique ; au-delà, la chambre du Parlement à tourelles ; et de chaque côté, parallèlement, les artères lumineuses du Carl Johansgate et du Storthingsgarten avec leurs tramways, leurs restaurants et leur foule de gens.

Un joli tableau, mais qui pourrait, à pareille heure, éveiller tristement dans le cœur du jeune Norvégien un sentiment de vie qui s'éloigne de lui. Sa vie entière semblerait être délimitée par les limites lumineuses de ces rues, ne allant pas plus loin que ce que l'œil peut voir. Une nation, dirait-il, de trois millions d'habitants, une capitale composée de deux rues et de quelques restaurants, et il penserait avec regret à l'étendue et à la liberté d'autres pays et d'autres villes – Londres, l'Amérique, New York.

Une histoire pourrait bien commencer là, sur le balcon du Théâtre National de Christiania, avec un jeune homme soudain confronté au défi de l'attache de sa vie ; un jeune homme rêvant d'un monde plus vaste et plus glamour que le sien, un monde qui offrirait un emploi convenable à sa jeunesse, son courage et son ambition. Il se détournerait du balcon avec une douleur autour de lui, et il se pourrait que, dans la grande salle de réception située derrière, il se retrouve tout à coup à côté de la jeune fille dont l'image n'avait jamais été longtemps absente de ses pensées, et il y aurait du réconfort pour lui. lui à la vue de sa peau fraîche, de ses cheveux blond clair et de ses yeux bleu bleuet pâle, des yeux qui souriraient doucement dans les siens, qui sembleraient lui demander de « prendre la vie tranquille pendant que l'herbe pousse sur les barrages ». Et sa douceur serait jetée autour de lui comme un filet, enchevêtrant à la fois ses rêves, ses objectifs et son mécontentement. Ils ne diront rien : il n'y aura pas besoin de mots ; mais ils se retourneront et sortiront de la grande pièce et resteront seuls et silencieux sur le balcon, dans l'air du soir, heureux, inexprimablement heureux d'être l'un à côté de l'autre.

Et il ne quittera jamais la ville : il sera infidèle à son rêve ; il construira un chalet sur les hauteurs de Majorstuen. Et sa jeunesse passera ; et un soir, il se retrouvera de nouveau seul sur le balcon, et se souviendra comment, trente ans plus tôt, il se tenait là, rêvant d'une ville plus grande, et la vieille douleur remontera en lui et il se demandera s'il a été sage d'accepter l'immédiat. l'aventure, l'aventure qui est à portée de main. Il se demandera s'il n'aurait pas trouvé ailleurs un emploi pour cette foi et cette énergie que les années lui ont volées.

Ou bien il se peut qu'il soit fidèle à son rêve et infidèle à son amour ; qu'il va en Amérique et y prospère, et que tout son autre côté, tout ce qui n'est pas fort, dur et résolu, est écrasé dans l'antagonisme féroce de la finance, la lutte impitoyable pour la richesse, et il revient enfin un le vieil homme au pays de sa jeunesse, à la ville qui s'étend sous lui sous sa forme inchangée dans la lumière et l'ombre : les statues austères, les arbres et le jardin, et l'artère lumineuse et bondée de Carl Johansgate ; et au bout du balcon se tient un jeune homme appuyé, comme il s'était appuyé trente ans plus tôt, contre la pierre de la balustrade, et il est rapidement, inexplicablement, envahi d'une envie pour les possibilités de ce jeune homme. «J'étais autrefois», pense-t-il, «tout ce qu'il est maintenant. Moi aussi, j'étais jeune, frais et gracieux. Moi aussi, j'avais à mes pieds des gens d'une vingtaine d'années et d'une trentaine d'années, et qu'en ai-je fait ? Pendant que les autres jouaient, je travaillais. Et pendant que je travaillais, la magie et la beauté de la vie m'ont échappé. J'ai gagné de l'or avec les années pendant lesquelles d'autres se sont tournés vers la poésie. Et il se sent seul et se tourne avec un frisson vers les lumières chaudes derrière lui. Et il sursaute, car il lui semble qu'à ses côtés s'est soudainement levée une silhouette sortie du passé : une jeune fille pâle et mince, à la peau blanche et fraîche, aux cheveux blonds et aux yeux bleu bleuet pâle, et il est abandonné par cette assurance qui l'a fait naître. il lui a valu tant de contrats, et il balbutie et dit : « Mais sûrement, quelque part, pardonnez-moi, s'il vous plaît ; mais, n'est-ce pas... » Et il y a un rire bas, et à ses côtés une voix : « Mais tu devrais la connaître, c'est ma fille.

Et en se retournant, il voit tout ce qu'est devenue sa mère, et en le voyant, il voit aussi sa propre jeunesse enterrée là. Et la vie me semble totalement vide et sans valeur.

Une histoire que Maupassant aurait peut-être eu envie d'écrire. Car c'était l'un de ses moyens favoris pour mettre soudainement un homme face à face avec la survie de son moi abandonné, et le thème est celui de Maupassant ; que nous obtenons toujours ce que nous demandons, mais jamais comme nous le demandons, jamais selon la lettre de notre désir.

V

TRÈS vite, très agréablement, notre semaine à Christiania se passa, avec des allées et venues dans les cafés, et des visites au chalet d'un vieil ami de Clifford, Von Erpecom Sem, sur les hauteurs de Holmenhollen, d'où nous pouvions voir au loin. en contrebas du port et des fjords de Christiania. Nous ne l'avons jamais vu au soleil, dans toute sa beauté multicolore, mais la nuit, nous l'avons vu ; une longue étendue dispersée de lumières scintillantes sur l'eau ; et j'ai convenu qu'il méritait tout ce que les guides en ont jamais dit.

Je ne suis cependant pas certain que le meilleur de ces vacances n'ait pas été de me réveiller dans un dormeur à 7 heures 30 un lundi matin à King's Cross en sachant que dans une heure je serais chez moi. Je devrais trouver, je le savais, entre cinquante et soixante lettres qui m'attendraient, car je me suis donné pour règle de ne jamais me faire expédier de correspondance lorsque je pars. Il y aurait certainement pour moi quelque chose d'excitant dans la congrégation d'une quinzaine de lettres. C'était la première semaine de mai ; le soleil brillait dans un ciel bleu, avec toute la promesse de la splendeur de l'été. Lord's et cricket, et de longues après-midi de farniente à lire sur un transat dans le jardin.

Le journal redeviendrait intéressant. Je devrais me retrouver à acheter chaque numéro successif de l'*Evening News* pour savoir si Hearne n'était toujours pas chez Lord's. Et une fois de plus, vers trois heures, je m'envolais de ce mécontentement à l'égard du manuscrit inachevé sur mon bureau, devant moi. Ma main se dirigeait vers le combiné du téléphone. « Paddington 144. Oui : est-ce celui de Lord ? Batteur du Middlesex, 189 pour 3. Merci beaucoup. Et d'ici une demi-heure, je serai assis sur la galerie ensoleillée du pavillon.

Ils passent si vite ces quatre mois d'or, que nous sommes à peine conscients de leur passage jusqu'au moment où vient le moment pour nous de marcher, à la fin du dernier match, avec nostalgie sur un terrain vide.

Pendant huit mois, Lord's sera fermé ; nous passerons par là en bus, et les sièges blancs de la butte seront vides. Quelques jardiniers s'affaireront ; quelqu'un fera rouler le terrain d'entraînement. Nous nous lèverons dans le bus en passant, car on se lève toujours dans un bus quand on passe devant Lord's ; mais nous n'allons plus tendre le cou pour lire les chiffres sur le télégraphe, ni regarder avec impatience pour distinguer les joueurs, pour voir si c'est Hearne ou Hendren qui n'est toujours pas sorti. Bien entendu, la saison n'est pas encore terminée ; il y a toujours le festival de Scarborough et le comté champion doit rencontrer l'Angleterre à l'Ovale. Mais ces jeux étaient, après tout, un anti-climax ; pour le vrai joueur de cricket, la saison touche à sa fin lorsque la dernière balle est lancée à Lord's.

Au début, nous ne sommes pas trop désolés. Quatre mois, c'est long, même dans le meilleur des matchs, et il est agréable de penser que dans quinze jours nous sortirons nos maillots de football et mettrons de nouvelles barrettes à nos chaussures. Ce sera très amusant de descendre au Old Deer Park pour les jeux d'essai et de rencontrer nos vieux amis. Bientôt, la saison va vraiment démarrer, et chaque mardi matin apportera le carton jaune : "Vous avez été sélectionné pour jouer pour 'A' XV *contre* Exiles, ou Harlequins 'A', ou Old Alleynians." Et puis samedi, nous laisserons le District Railway nous emmener dans des endroits étranges – Northfields et Boston Manor – des endroits dont les noms nous sont familiers dans les tubes, mais sont lointains dans l'imagination, comme Chimborazo et Cotopaxi, des endroits où nous ne nous attendions jamais. n'importe qui pour vivre. Pour les membres d'un XV « A », la vie est toujours une aventure ; et puis, lorsque le match est terminé et que nous nous asseyons dans la voiture, paresseux et fatigués, il est amusant de lire les résultats du football dans le journal du soir et d'apprendre qu'à Stamford Bridge, 40 000 personnes ont vu "Le coq déjouait le gardien et net le gardien". ballon dans les trois premières minutes. Et ensuite nous allons chez Dehem et retrouvons nos amis des autres jeux, mangeons beaucoup de rosbif et buvons beaucoup de bière. Oh oui, il existe de nombreuses compensations pour la perte de l'été ! L'automne passe vite et agréablement, mais vers Noël viendra, comme cela doit toujours arriver, un soir où nous nous assiérons devant le feu et nous rappellerons soudain que cela fait quatre mois que nous n'avons pas tenu une batte de cricket, que mai est encore un mois. très loin, et le cortège des samedis semble interminable. Lors d'une telle soirée, nous démontons *Wisden* et, longtemps après notre heure habituelle de coucher, nous nous penchons sur les vieilles partitions.

Car *Wisden* est la bible du joueur de cricket, même si les non-baptisés s'en moquent. « Qu'est-ce que c'est, disent-ils, sinon un disque ? Nous pouvons comprendre votre envie de regarder les dizaines de matchs que vous avez vus, qui vous rappelleront d'agréables heures en agréable compagnie. Mais quel plaisir pouvez-vous tirer des simples chiffres et récits de matchs que vous n'avez jamais regardés, sur des terrains où vous n'êtes jamais allés ? C'est sans doute un admirable ouvrage de référence pour le statisticien, mais comme littérature, comme chose qui se lit pour le plaisir ! eh bien, cela nous rappelle le major en demi-solde qui passait ses soirées à lire la liste de l'armée de 1860 ! »

C'est difficile à expliquer. De la même manière que les lettres x et y ont une signification pour le mathématicien, ces figures nues sont pour le joueur de cricket un symbole et une histoire. Nous pouvons revêtir le squelette de chair. Nous pouvons imaginer la scène. Nous savons à quoi ressemblait le tableau d'affichage lorsque ce septième guichet est tombé ; nous pouvons évaluer la valeur du 5 de Strudwick. Quand on lit : « Ducat, lbwb Woolley 12 » ; on imagine l'émotion de l'homme assis au bout des places libres sous le télégraphe. « Si seulement Ducat pouvait rester », avait-il pensé, « Surrey pourrait encore gagner. Il y a plusieurs personnes qui pourraient s'arrêter à l'autre bout du fil pendant qu'il fait les courses. Mais le doigt de l'arbitre s'est levé, et nous connaissons la dépression avec laquelle il a écrit sur la carte de score marquée du pouce « lbw b. Woolley 12 », puis il se ressaisit, prêt à assister « dans un rêve sans espoir » à la fin inévitable retardée de quelques minutes par Smith et Rushby.

Cela pour les jeux on n'a pas vu. Mais pour ceux qu'on a vus, pour eux, *Wisden* devient effectivement presque une autobiographie. Notre vie de cricket, ou plutôt son côté passif, contemplatif, y est écrit ; et je ne suis pas sûr que le côté réceptif ne soit pas le plus important. Nous écrivons seulement, je pense parfois, pour nous rapprocher de la grande écriture ; de sorte qu'à travers nos propres tâtonnements dans l'expression de soi, nous parviendrons à comprendre les difficultés auxquelles les grands écrivains ont dû faire face, et à apprécier par conséquent leurs triomphes. Si nous n'avions pas passé des heures à gratter un filet, à apprendre à placer notre épaule gauche sur la ligne de balle, nous n'aurions pas ressenti aussi intensément le frisson de plaisir que nous procure la sortie de Spooner. Il se pourrait bien que les heures d'énergie dépensée soient un apprentissage du calme intellectuel d'un après-midi chez Lord.

Mais pas toujours calme. Le cricket, malgré tous ses loisirs, est, dans ses attentes de longue date, le jeu le plus émouvant. Il n'a sans doute pas d'équivalent au délire d'un essai à Twickenham. Mais le cricket ne vise pas cette sensation particulière. C'est du drame, pas du mélodrame. L'atmosphère est lourde, les nerfs sont à rude épreuve, on s'agite maladroitement sur son siège. L'effet est celui d'une action continuellement suspendue. On se demande toujours. Le plus souvent, la tension passe. Le point culminant n'est jamais atteint. J'ai beaucoup regardé le cricket, mais je n'ai vu que quatre, cinq, tout au plus six grandes finales.

Il y a eu ce match entre Middlesex et Essex en 1910. Dans l'ensemble, j'ai tendance à penser que c'est le match le plus remarquable que j'ai jamais vu. Dès le début, c'était remarquable. Je suis arrivé à l'heure du déjeuner pour trouver le frappeur d'Essex, avec 93 points au tableau pour la perte de deux guichets. Une demi-heure plus tard, ils étaient tous sortis pour 110. JW Hearne, un quilleur inconnu à l'époque, a pris sept guichets sans aucune course. Et je n'oublierai pas facilement l'excitation et la fierté de ce dernier après-midi, lorsque Middlesex, avec 242 à gagner, a perdu huit guichets pour 142. Le terrain était mauvais. Buchenham jouait au bowling, comme à cette époque seul Buchenham pouvait jouer au bowling. Warner était toujours là ; mais il ne restait plus que Mignon à venir, un mauvais bâton même parmi les lanceurs rapides, et un nouveau venu dans le cricket du comté, qui avait fait un canard dans les premières manches et avait frappé assez indifféremment contre Surrey la semaine précédente. Mais en une heure, Warner et SH Saville avaient gagné le match.

Une soirée mémorable. Nous nous étions résignés à la défaite. « Ils ne peuvent pas le faire », avions-nous dit ; « cela ne sert à rien de s'inquiéter. Allons acheter un journal du soir et voir comment se comporte Somerset contre Kent. Et nous avions souri avec indulgence lorsque les limites commençaient à arriver. « Feux d'artifice », avions-nous dit, en faisant remarquer que c'était plutôt stupide de prendre un thé. «Ils auraient tout aussi bien pu, avons-nous dit, avoir terminé l'affaire en premier.» Mais quelque chose nous a averti de ne pas quitter le sol.

Et ils sont arrivés en quarante minutes, les soixante-treize derniers runs ; quarante glorieuses minutes. Notre indifférence se transformant en un espoir étonné : « Peuvent-ils ; Est-il possible?" Et puis la certitude récurrente qu'ils le feraient. Quarante minutes comme cela arrive rarement dans une vie.

Ensuite, il y a eu le match de Kent en 21, lorsque Middlesex, avec le championnat à gagner, a effectué plus de trois cents courses en quatre heures pour remporter le match ; puis la grande bataille quatre jours plus tard contre Surrey. Et tandis que je corrige ces épreuves, je sens que, malgré la facture de l'imprimeur, il serait peu généreux de ma part de ne rendre aucun hommage au deuxième jour du match du Sussex de cette année à Lord's. Cela a commencé assez sombrement, avec un ciel maussade et un vent froid, et HL Dales a mis quatre-vingt-dix minutes pour en faire seize. Mais heureusement, j'ai passé environ cette première heure dans le confort chaleureux d'un tube. Et après le déjeuner, le soleil s'est levé ; le cricket est devenu passionnant et l'après-midi est devenu l'un des plus heureux que j'aie jamais passés chez Lord's. L'excitation, curieusement, était concentrée sur une bataille pour l'avance en première manche. Habituellement, on ne s'enthousiasme pas pour les points dès les premières manches. Mais on veut s'amuser un lundi de Pentecôte. Il y a en présence d'une foule nombreuse la contagion d'une émotion collective. Et certainement le cricket était très bon. Sussex est la meilleure équipe défensive d'Angleterre ; Je ne suis pas sûr que JW Hearne ne soit pas aujourd'hui le meilleur batteur du monde. Et l'après-midi fut une longue lutte entre Hearne et Sussex.

Je n'ai pas les chiffres exacts de ma part, mais Middlesex voulait quelque 311 courses pour leurs deux points, et sept guichets étaient en panne et le suivi n'était toujours pas enregistré, lorsque Twining est arrivé pour s'associer à Hearne. Sur certains de ses partenaires, Hearne doit, je pense, exercer une influence magnétique. Certes, Twining, quand il est avec lui, a l'air et est à cinquante pour cent. meilleur joueur que lorsque Lee ou Hendren sont à l'autre bout. Il n'a jamais rien fait de comparable au grand partenariat avec Hearne qui a permis à Middlesex de remporter le championnat en 1921. En effet, je pense plutôt que ses cinquante-sept pas sortis ce lundi après-midi de Pentecôte sont son deuxième score le plus élevé dans un match de comté. Une manche utile plutôt que bonne, peut-être, mais il y est resté ; et je doute d'avoir jamais vu une manche plus belle que les 140 de Hearne.

Certaines personnes trouvent Hearne ennuyeux, tout comme d'autres trouvent Tolstoï ennuyeux. Il n'a pas la vigueur volcanique et éruptive d'Hendren et de Dostoïeffsky. Il se dirige avec une totale économie d'effort vers un point très éloigné. Là où d'autres batteurs pensent en cinquante ans, lui pense en deux siècles. Il sait exactement ce qu'il fait à tout moment. Des batteurs comme Holmes, Mead et Ducat finissent par y arriver d'une manière ou d'une autre ; mais ils n'ont pas toujours le but en vue, ou plutôt peut-être que le spectateur, lorsqu'il les regarde, n'a pas le but en vue. Holmes, qu'il fasse un cyp her ou un siècle, n'a jamais l'air d'un joueur ordinaire. Hearne est un excellent batteur dès son arrivée sur le terrain. Personne connaissant le cricket ne pourrait le voir jouer un seul coup et avoir le moindre doute quant à sa qualité.

Mais c'est après l'élimination de Hearne, avant l'échec de Gilligan et Murrell, que l'excitation a vraiment commencé. Je pense que douze points étaient nécessaires lorsque Durston est arrivé au bâton. Ils les ont eu d'une manière ou d'une autre, étonnamment, mais ils les ont eu. Il y avait un cri d'excitation hystérique à chaque fois que la balle touchait le milieu de la batte et coulait en toute sécurité jusqu'au milieu. Il y a eu des byes, et il y a eu un renversement, et miraculeusement Durston a mis Gilligan sur la jambe et sur le sol. C'est le seul bon coup que je lui ai jamais vu faire. Parfois, je pense que je ne suis pas charitable envers Durston. « Il n'est pas si méchant que ça, me dis-je, pas pire, vraiment, que Mignon ou que Rushby. C'est seulement qu'il y a tellement de choses en lui qui semblent incompétentes. Et puis je le revois frapper et je dis : « Non, vraiment, il est absolument le pire, sans exception le pire. Il ne peut y avoir aucun homme vivant que le capitaine pourrait, sauf par plaisanterie, mettre au numéro 11 pour une équipe dont Durston était membre. Mais le lundi de Pentecôte, quand il a réussi ce coup pour deux contre Gilligan, il a été acclamé comme rarement un coup de Hobbs a été acclamé, et la grande et joyeuse foule des vacances est rentrée chez elle, plus heureuse de son bâton.

Chaque été a ses repères, ses sensations, ses grands matchs ; même ce printemps froid et misérable de doigts engourdis et de prises abandonnées. Il n'y a pas de saison si mauvaise que nous ne puissions pas y revenir avec gratitude pour certaines choses. Et l'avenir sera tout aussi beau ; mieux, peut-être. Et encore--. Je me demande s'il y aura encore un jour chez Lord's qui égalera celui du 31 août d'il y a trois ans.

Aucun joueur de cricket n'aura besoin de moi pour lui rappeler ce qui s'est passé alors, ou pour raconter l'histoire du dernier et plus grand match de « Plum » Warner. Il suffit de dire que c'est la chose la plus dramatique et la plus appropriée qui soit arrivée dans n'importe quel sport et dans n'importe quel pays. Si aucun championnat n'avait été en jeu, cela aurait été un match formidable et mémorable. Le championnat dépendant du résultat, ce fut une bataille titanesque. Mais avec le sentiment supplémentaire de la dernière apparition de Warner, de telles choses n'arrivent qu'une fois par génération.

Je n'étais pas là le premier jour. Je jouais au cricket à Hayward's Heath et je me souviens de l'enthousiasme avec lequel j'ai déchiré le premier numéro de l' *Evening Argus* pour voir quel camp avait gagné le tirage au sort. Batteur du Middlesex. J'ai poussé un soupir de soulagement. Tout ira bien, pensais-je. Un guichet d'aplomb. Le bowling du Surrey est faible. Ils ont mis toute la journée hier pour sortir de Northampton. Il y en aura trois cents au tableau à six heures ; puis, édition après édition, on annonçait que les choses n'allaient pas bien chez Lord's. Lee dehors, Hearne dehors. Hendren seulement 41 ans ; 109 pour 5 ; 149 pour 6. Et puis tardivement dans le dernier numéro des nouvelles d'un stand commençant entre Warner et Greville Stevens.

Mais même ainsi, ce n'était pas suffisant. Battre toute la journée et n'en faire que 250. Et tout au long du lundi, j'ai regardé heure par heure le match et le championnat s'écouler. Les captures ont été déposées ; le bowling n'avait rien de piquant. Et dans les intervalles, on lisait sur le magnétophone le désordre que le Lancashire faisait à Worcester, dans le nord. J'ai quitté le terrain lorsque Fender a déclaré ses manches terminées. Soixante-treize points derrière. Il ne reste plus qu'une journée pour jouer. Nous pourrions probablement faire un tirage au sort si nous le voulions. Mais ce n'est qu'avec une victoire que nous pourrons remporter le championnat. C'était inutile. C'était fini. Mieux vaut ne pas voir la fin.

Et pourtant j'y suis allé le mardi. Il y avait encore une chance ; si nous gagnions, je ne me le pardonnerais jamais si je n'avais pas été là pour encourager l'équipe. Et l'espoir m'est revenu lorsque j'ai rencontré « Skipper » Pawling sur les marches du pavillon. « Tout va bien, mon garçon, dit-il ; "C'est bon. Nous allons simplement le gérer. Mme Warner avait choisi la bruyère blanche pour les professionnels. Et j'entends encore la tension impatiente et aiguë de sa voix : « Nous le ferons, n'est-ce pas, M. Pawling. » Je ne suis pas certain que Sydney Pawling ne soit pas pour moi le souvenir le plus marquant de cette longue journée d'août. Je le vois passer sa grande main sur sa bouche ; Je peux le voir marmonner quand Hearne est entré au bâton : « Il a l'air malade ; bien dessiné. Il faut que je lui envoie du champagne ; du champagne." Et je me souviens de lui presque en larmes à la fin de la journée alors que les guichets du Surrey tombaient.

Mais ensuite, nous étions tous, je pense, au bord des larmes à la fin de cette grande soirée. Quand je suis allé chez Lord's pour la première fois en costume de marin au printemps 1904, j'ai pleuré lorsque le guichet de Warner est tombé, et je pense plutôt que j'ai pleuré à la fin de tout cela, à six heures vingt le 31 août, quand la foule immense a envahi le terrain de jeu et l'a porté à hauteur d'épaule jusqu'au pavillon.

Lord reverra-t-il un jour une telle scène ? Lord's saura-t-il un jour quelque chose qui puisse égaler l'excitation de cette dernière heure, à partir du moment où Hendren a attrapé Shepherd haut par-dessus son épaule gauche alors qu'il s'appuyait contre l'écran ? Ce fut le tournant, cette prise. En deux fois moins de temps, Surrey avait obtenu la moitié des courses et seuls deux guichets étaient tombés en panne. Puis vint cette prise que seul Hendren aurait pu résister à un coup qui, de l'autre côté, aurait été un six. C'était encore un match. Fender est arrivé ensuite ; il y eut un silence terrible. Une demi-heure de Fender et le match était celui de Surrey. Mais il a frappé juste à travers une balle droite de Durston. 112-4-1. Il y avait toujours Peach à venir, et Reay, et Hitch et Ducat, avec Sandham frappant magnifiquement à l'autre bout. Les chances étaient toujours sur Surrey. Mais Hearne et Stevens n'ont pas laissé tomber leur capitaine au cours de cette dernière heure. Hendren, entre autres, a raté Hitch en bas au milieu du guichet, mais les quilleurs pouvaient se permettre de se passer de leurs joueurs défensifs. Guichet après guichet est tombé. 176 pour 9, et Rushby est entré en balançant les bras, tandis que la foule riait. Rushby, un batteur clown ; rien de plus. Mais il est resté là, et les célibataires ont commencé à arriver ; et on regardait l'horloge et on se rappelait que Rushby était resté une fois pendant que Crawford en marquait 80. Douze courses en dix minutes ; la fin ne viendrait-elle jamais ? Puis un ballon injouable de Stevens. Tout était fini. Le ballon a coulé jusqu'à la jambe courte. Hearne et Hendren se sont précipités hors des cales pour le suivre. Hearne est arrivé le premier et a couru avec son « souvenir » jusqu'au pavillon. Et la grande foule se pressait autour du guichet.

Je ne m'attends pas à revoir un jour quelque chose d'égal. Mais je suis fier et heureux d'avoir été là, d'avoir participé à cet hommage au joueur de cricket le plus grand que le monde ait jamais connu.

demande combien d'heures par an devons-nous consacrer à notre *sagesse* ? Un grand nombre sûrement, tellement, en fait, que nous ne pouvons nous empêcher de penser à quel point la littérature sur le cricket est petite. Seulement deux étagères sur trente. Il y a un ou deux romans, *Willow the King* , *The Day's Play de AA Milne* , quelques essais de M. Lucas, les œuvres complètes de PF Warner, *Middlesex Cricket de WJ Ford* , Lord Harris *and the MCC* , quelques volumes de réminiscence, un ou deux manuels, le charmant Mike de PG Wodehouse , *The Hambleden Men* et Neville Cardus.

Des trucs pauvres aussi, pour la plupart. La littérature sur le cricket peut être divisée en deux catégories. Il y a les livres d'hommes qui comprennent le cricket mais ne savent pas écrire, et les livres d'hommes qui savent écrire mais ne comprennent pas le cricket. Au cours d'une année, de nombreux livres et récits traitant du jeu sont publiés, mais il est rare qu'au cours d'une génération, le sportif et l'homme de lettres soient réunis. Qui avons-nous aujourd'hui : PG Wodehouse ; mais il préfère écrire sur le golf. AA Milne ; mais il barbote avec de la peinture grasse. EV Lucas ; mais si rarement de nos jours. Neville Cardus ; oui, le seul, le seul authentique peut-être. Le premier homme à faire de la littérature à partir du cricket. Son essai sur Tom Richardson ; sa description de Maclaren quittant le terrain pour la dernière fois à Eastbourne ; son «plus grand match test». Ils ont été écrits pour les colonnes d'un quotidien, mais ils contiennent de la littérature, de la vraie prose, de la vraie mélodie, de la vraie émotion. Mais il est seul, Neville Cardus.

Presque aucune poésie n'a été écrite sur le jeu. Il y a « Oh, my Hornby and my Barlow Long Ago » de Thompson, et il y a une quantité de couplets, des tintements agréables de la variété des chansons à boire, le meilleur étant celui d'adieu, comme « Beneath the Daisies Now They Lie » d'Andrew Lang. .» Mais les quelques tentatives de poésie sérieuse qui ont été faites n'ont pas été heureuses. Edward Cracroft Lefroy, par exemple, pour qui le cricket attirait principalement en tant que spectacle esthétique, a inclus dans son catalogue des attributs physiques d'un joueur de quilles le

Des coudes capables de faire tourner le cuir
vers le haut de la batte lente et autour du tibia imprudent,

ce qui n'est pas seulement un mauvais vers mais prouve de la part de l'auteur une connaissance insuffisante de la règle du « no-ball ».

Mais peut-être que les vers ne sont pas un juste milieu pour exprimer le plaisir du cricket. Des expressions comme « tibia imprudent » s'imposeront d'elles-mêmes, et, bien que Pindare célébrait avec une ardeur tout aussi appropriée les exploits des généraux et des athlètes, l'idée même de commémorer dans des distiques héroïques les deux grandes manches de test-match de Woolley à Lord's semble ridicule. Nous sommes tellement habitués à lire des récits de matchs de cricket dans le style en prose de la presse sportive que tout autre traitement est impossible. Peut-être que M. Masefield tentera un jour une épopée du cinquième match test à l'Ovale, mais je doute que ce soit un succès. Ce serait un spectacle suranné, comme si l'on se promenait sur le Strand en tenue de cour de coupe jacobéenne. Le jargon d'un reportage sur le cricket est inadapté aux vers héroïques, mais il est indispensable. Si, par exemple, nous apprenions qu'Hendren,

Pris au piège d'un excès de confiance, il recula,
balançant sa batte comme s'il voulait éclipser
la violence tonitruante d'Albert Trott.
Pourtant, il n'avait pas correctement évalué le vol
de la balle qui tournait rapidement.
Consterné, il entendit
derrière son dos le bruit des souches,

nous ne devrions pas être beaucoup plus sages. Nous devrions préférer apprendre une telle tragédie dans un récit simple : « Hendren a accroché Mailey à la frontière deux fois de suite ; mais, dans une tentative de répéter le coup à une balle qui était lancée plus loin vers lui et qui s'éloignait avec le bras, il était propre.

En effet, « On an Athlete Dying Young » d'AE Housman est le meilleur poème sérieux qui puisse interpréter n'importe quel côté du cricket, et ce poème est écrit pour un coureur. Mais il est universel, car il contient la tragédie de tout sport professionnel :

Maintenant, vous n'augmenterez pas la déroute
des garçons qui ont usé leurs honneurs,
des coureurs dont la renommée a dépassé les limites,
et dont le nom est mort avant l'homme.

La référence contemporaine à tout joueur de cricket qui ne joue plus est faite au passé, « Tarrant était... » ; et combien d'Ovalites enthousiastes qui se souviennent avec tant d'émotion des grands jours de « Locky et Brocky » s'arrêtent pour considérer que leur héros est toujours en vie ?

Le manque de littérature en prose traitant du cricket est cependant aussi surprenant que déplorable. Il y a cent ans, le jeu devait être capable de fournir un arrière-plan intrigant pour un roman. Lord's était comme le terrain de loisirs de Paddington et, lorsqu'il n'y avait pas de match, le public était autorisé à y louer un terrain pour un shilling, somme qui comprenait l'utilisation des moignons, de la batte et de la balle ; il n'y avait pas de tondeuses à l'époque et l'herbe était entretenue par un troupeau de moutons, parqués les jours de match. Le samedi, quatre ou cinq cents moutons étaient conduits à terre en route vers le marché de Smithfield. Et puis une demi-douzaine de petits garçons couraient et ramassaient les herbes hautes ou les touffes épaisses qui restaient encore. Il n'est pas surprenant qu'il y ait eu des tireurs à ce moment-là. Et jamais depuis l'époque des gladiateurs il n'y a eu autant de pots-de-vin et de corruption qu'à l'époque de Lord Frederic Beauclerk.

Des paris énormes ont été faits. Les matchs se jouaient pour une mise de mille guinées par équipe, ce qui à l'époque n'était pas une petite somme, et les professionnels avaient du mal à vivre de leur salaire ; en fait, ils n'ont fait que peu d'efforts pour le faire ; et dans les grands matchs où beaucoup d'argent était en jeu, il n'était pas rare de trouver une équipe essayant de se sortir tandis que ses adversaires essayaient de lui donner des ballons faciles pour s'enfuir. En effet, Lord Harris raconte comment deux professionnels se sont disputés lors d'une des assemblées générales annuelles de Lord's et, en présence des nobles seigneurs du MCC, des questions telles que « Qui a vendu l'allumette à Nottingham ? » et "Qui jouerait à autre chose qu'au guichet de Kent?" » étaient agités à la consternation, dit Lord Harris, « de certains des présents qui avaient perdu leur argent contrairement à tout calcul sur les matchs en question » ! Il y avait alors peu de journalistes dans les journaux, et des choses pouvaient être faites à Old Trafford dont la nouvelle arrivait tardivement à Lord's.

Les seules personnes qui semblent être restées incorruptibles à cette époque sont, curieusement, les arbitres. Peut-être ont-ils accordé trop d'importance à leur honnêteté et les bookmakers ont-ils trouvé moins coûteux de traiter avec les joueurs, ou peut-être y a-t-il eu une conspiration générale du silence, personne n'étant suffisamment indemne pour jeter la pierre. En tout cas, les interprètes de la loi semblent avoir donné satisfaction, et ils n'ont peut-être pas eu une période facile. Car c'est au cours de ces années que fut élaboré le code de règles selon lequel nous jouons aujourd'hui. Et il a été compilé de la manière la plus aléatoire. Aucun comité ne s'est assis autour d'une table et n'a évalué toutes les éventualités et interprétations possibles des lois. Les autorités étaient de braves gens, mais paresseuses et sans imagination. Ils ont rédigé un code approximatif et ont attendu que les choses se passent. Si une pratique particulière commençait à causer des nuisances, ils étaient prêts à y mettre un terme. En attendant, laissez la roue tourner.

Cela a effectivement tourné, et souvent avec des complications inconfortables. À une certaine époque, par exemple, à l'époque où il n'y avait que deux souches, un trou était creusé entre et sous les guichets, et lorsqu'un batteur terminait une course, il devait insérer sa batte dans ce trou. Si le lanceur réussissait à faire éclater la balle avant la batte, le batteur était épuisé. Il a été constaté, cependant, que la batte et la balle arrivaient souvent dans le trou simultanément, avec de tristes résultats pour les doigts du quilleur ; et assez souvent, lorsqu'un homme des champs avait anticipé la batte, le joueur vaincu se vengeait autant qu'il pouvait en enfonçant sa batte sur les jointures de son vainqueur. Après qu'un certain nombre de doigts aient été cassés, les autorités ont jugé bon de remplacer le trou par l'actuel pli éclatant.

La même chose s'est produite dans le cas de la jambe avant le guichet. Comme les coussinets n'étaient pas alors inventés et que la balle était lancée avec beaucoup de rapidité, il n'avait jamais semblé probable qu'un batteur, avec une intention délibérée, placerait ses jambes non protégées sur le chemin d'une balle dure. Mais un jour, le monde du cricket fut consterné par la tactique d'un certain Ring, qui plaça son corps devant le guichet de telle manière qu'il lui était impossible d'être éliminé. Ses tibias sont devenus très douloureux, mais son score est devenu très important. Cet acte vaillant de sacrifice de soi pour le bien de son camp ne suscita pas l'admiration qu'il méritait ; cela a été décrit par un écrivain contemporain comme « une manière minable de profiter d'un quilleur », de sorte que lorsque Tom Taylor a adopté la même tactique, les quilleurs « se sont déclarés battus » : une règle de la jambe avant le guichet a été rédigée, et une autre. l'opportunité du courage spartiate a été perdue à une époque efféminée.

Les règles ont été modifiées pour s'adapter à chaque nouveau développement. Et quand on se souvient des pratiques multiples et barbares de cette époque, on ne peut que frémir quand on essaie d'imaginer quelles atrocités effrayantes et horribles ont dû se produire avant que la règle de « l'obstruction du champ » ne soit inventée. Ne pouvons-nous pas imaginer un boucher costaud lançant le ballon pour le pointer puis, pour sauver son guichet, se précipitant sur le champiste et le prosternant avec sa batte ? Ne voit-on pas le batteur à l'autre bout du fil effectuer un demi-nelson sur le lanceur qui s'apprêtait à rattraper son partenaire ? Les lois de Rome n'ont pas été élaborées sans effusion de sang, pas plus que les lois du cricket. Quelles opportunités de récit humoristique ont été perdues !

Si seulement il y avait eu un écrivain naturaliste qui aurait rassemblé laborieusement toutes ces histoires et en aurait fait un roman. Si Zola avait été Anglais, nous aurions pu lui pardonner ses interminables descriptions de chercheurs d'or et d'ouvriers agricoles, si l'un des Macquart avait été un joueur de cricket professionnel et si un de ces interminables romans avait reconstitué le monde du cricket de son époque. Si seulement le caprice des choses avait permis à George Moore de passer ses premières années près d'un terrain de cricket au lieu d'une écurie de courses.

Mais même les quelques romanciers qui ont inclus le cricket dans leur panorama de l'époque semblent terriblement ignorants de la gestion de ce jeu. Quel triste gâchis Dickens en a fait, et comme il aurait pu le faire ! Comme M. Winkle aurait pu être divertissant derrière le guichet : quelles décisions sublimes il aurait prises en tant qu'arbitre ! Mais non : Muggleton joue Dingley Dell, et le grand Podder « a bloqué les balles douteuses, a raté les mauvaises, a pris les bonnes et les a envoyées voler dans toutes les parties du terrain », ce qui est sûrement la procédure la plus pittoresque qu'un batteur puisse avoir. a toujours suivi; et comme point culminant, Dingley Dell cède et permet les prouesses supérieures de tous les Muggleton, apparemment avant qu'ils n'aient eu leurs propres manches - une action sans précédent dans les annales du jeu.

Et c'est ainsi que notre seul tableau complet des jours homériques nous est parvenu non pas des romanciers, les enregistreurs officiels de l'époque, mais de John Nyren, qui a écrit sans aucune pensée pour la postérité un guide pour le jeune joueur de cricket. . Il y a des livres qui, comme le vin, acquièrent des qualités avec le temps, et pour nous aujourd'hui le *Tuteur du joueur de cricket* possède une valeur qu'il n'avait pas pour ceux au service desquels il a été écrit. Pour la jeune génération de 1840, ce n'était qu'un simple manuel, une sorte de règlement du service militaire ; aujourd'hui, c'est un morceau de littérature ; il interprète un point ; cela révèle une personnalité.

En lisant les conseils de John Nyren, on voit comment le jeu se jouait en 1820 sur des terrains accidentés, sans coussinets, en haut-de-forme, et avec un courage dont on mesure l'étendue à partir des instructions qu'il donne aux arrêts longs :

> Lorsque la balle ne parvient pas à sa main d'un bon bond, il doit descendre sur son genou droit avec ses mains devant lui : alors, au cas où celles-ci la manqueraient, son corps formerait un rempart et arrêterait sa progression ultérieure.

À cette époque, nous apprenons que les spectateurs étaient des gens patients qui s'asseyaient sur des sièges sans dossier, buvaient du porter, fumaient de longues pipes et pariaient sur le match. Il y avait alors du loisir, et John Nyren pensait que le batteur devrait attendre pour faire ses courses jusqu'à ce que le quilleur et les hommes de champ soient épuisés :

> Je recommanderais fortement au jeune batteur de porter son attention sur l'arrêt : car en jouant bien ce rôle, il devient un adversaire sérieux du lanceur ; qui, quand il voit arriver un homme dont il sait qu'il arrêtera facilement toutes ses balles, est toujours

dans une certaine mesure découragé. Il n'a aucune affection pour un tel client. En outre, c'est dans cet accomplissement que réside la distinction entre le batteur scientifique et le batteur aléatoire.

Le batteur aléatoire : c'est un adjectif que l'on retrouve souvent dans le *Cricketer's Tutor* . Car Nyren avait une haine intense pour le succès non qualifié. Le cricket était pour lui un art dont la technique ne pouvait être maîtrisée qu'après un apprentissage élaboré. Il se méfiait du raccourci et nous le considérons comme l'opposant le plus acharné à la jeune idée. Il est l'éternel Tory d'hier, d'aujourd'hui et de demain. Et il est très humain à nos yeux car il se tient au bord du changement et lance son avertissement solennel. Car c'est vers la fin de sa carrière que le bowling à bras rond a été introduit, et on a du mal à se rendre compte de la révolution que cela a provoqué dans le monde du sport. Il fit autant de bruit et souleva autant de mauvais sentiments dans sa propre province que son contemporain le Reform Bill. Ce bowling fut décrit comme la « nouvelle marche de l'intellect — style » et, en 1827, trois matchs furent disputés entre le Sussex et l'Angleterre pour tester les mérites des deux méthodes. Le comté a remporté les deux premiers matches, et les neuf professionnels du côté anglais étaient si furieux qu'ils ont signé une pétition officielle « pour que nous, soussignés, convenions que nous ne jouerons pas le troisième match entre toute l'Angleterre et le Sussex à moins que le Sussex foire aux quilleurs, c'est-à-dire s'abstenir de lancer. Et le grand M. Ward, lorsqu'on lui a demandé son avis, a déclaré : « Je peux seulement dire que les joueurs de cricket sont une classe d'hommes pacifiques. Avec ce bowling, je ne vois jamais un match qui ne se termine pas par une bagarre.

John Nyren était son adversaire le plus farouche, et il est plutôt pathétique de lire sa protestation violente et inefficace. Cette invention ruinerait le cricket. Il a vu un nouveau jeu qui n'aurait pas la grâce et l'habileté du jeu tel que lui et ses amis y avaient joué. Le ballon arriverait si vite que le batteur n'aurait pas le temps de s'y préparer.

> Le batteur indifférent possède autant de chances de succès que le joueur le plus raffiné. Et la raison en est évidente, car à cause de la manière aléatoire de lancer la balle, il est impossible au bon batteur d'avoir le temps pour cette finesse et cette gestion délicate qui distinguaient si particulièrement les manœuvres élégantes des principaux joueurs qui occupaient le terrain vers huit heures. , il y a dix ans ou plus.

Et il continue en affirmant sa conviction que si le système actuel persiste dans quelques années encore, « le jeu élégant et scientifique du cricket se transformera en une simple démonstration de jeux de chevaux grossiers et grossiers ».

Que dirait-il s'il pouvait retourner au pavillon de l'Ovale et voir Hitch jouer au bowling à combien de kilomètres par heure, et Hendren l'accrocher à la limite carrée ? Et le dernier paragraphe de sa protestation est celui de chaque homme depuis la nuit des temps qui a vu son époque passer, ses héros renversés et une génération téméraire et irrévérencieuse à leur place.

> Je peux me servir de mes yeux [écrit-il], je peux comparer les notes et les points dans les deux styles de jeu, et ceux qui m'ont connu témoigneront que je n'ai jamais eu l'habitude de m'exprimer de manière imprudente.

Un personnage désespéré, confiant si simplement dans la permanence d'un monde statique.

Il est triste de penser à quelle vitesse ce monde a disparu et avec quelle efficacité les rouages de notre système industriel ont déjà pris le cricket à leur compte. Le jeu de Nyren n'est plus le divertissement de quelques-uns. Il fait désormais partie de la vie nationale et, probablement, si les bolchevistes parviennent à leurs fins, il sera nationalisé avec le cinéma, le théâtre et le football. Il est difficile de trouver grand-chose en commun entre les vieillards qui fumaient de longues pipes et buvaient fort et regardaient M. Haygarth battre trois heures pour seize points, et les vingt mille qui se rassemblent pour le match Middlesex-Surrey parce que les journaux leur ont dit de le faire. , et qui caserne tout batteur qui joue avec une jeune fille. En effet, lors de ces grands jours, je ne pense pas qu'on y retrouve la survivance du vieux passionné. On le retrouvera plutôt par une froide matinée grelottant au fond du monticule, lors de la troisième journée d'un match assurément nul, alors qu'il n'y a que quelques centaines de spectateurs. Personne ne sait pourquoi il y va. Il aura très froid. Il ne verra pas de cricket particulièrement bon. Les batteurs professionnels joueront pour un match nul de la manière la plus professionnelle. Vers quatre heures, les effectifs vont se ralentir et, une demi-heure avant la fin, les capitaines décideront que cela ne sert à rien et qu'ils pourraient tout aussi bien tirer des souches. Votre vieux dans le monticule sait que cela doit arriver. Mais il y va quand même, et à trois heures il achète un journal du soir pour lire un compte rendu du match et il voit que le journaliste dit : « Hardstaff a été battu et renversé par un yorkais. Et le vieil homme rigolera, sachant que c'était une demi-volée et que Hardstaff l'a frappé. Et en janvier, quand il lira son *Wisden* , il cochera cette correspondance, avec les autres qu'il a vus, et il les additionnera et constatera qu'il a passé cinq jours de plus chez Lord cette année que lui. l'année d'avant. Il se rappellera comment son grand-père lui parlait de Fuller Pilch ; et il sourira, connaissant la supériorité d'Hendren. Et il continuera à regarder le cricket comme son grand-père le regardait par temps froid comme par temps chaud, quand le match nul est certain et quand il y a une chance d'une belle fin. Un jour, il croit que les batteurs professionnels échoueront, qu'il y aura un effondrement et une victoire sensationnelle, et que seulement deux cents personnes l'auront vu. Il sait que de nombreux matches se jouent dans l'année et que très peu d'entre eux se terminent bien, et il sait que la seule façon de s'assurer de la grande occasion est d'y aller chaque fois que des souches sont lancées. Et c'est à lui qu'il faudra penser lorsqu'on reconstruira le monde du cricket de 1830.

Car Nyren était l'Homère du cricket et les jours homériques sont révolus. En 1923 le sol n'est plus vierge. Le cricket est un jeu différent et, pour le romancier, il est moins intrigant. Il n'y a pas de pari, il n'y a pas de malhonnêteté et, même si l'on entend parler de la diplomatie douteuse des ligues du Nord, il serait difficilement possible d'inventer une histoire de cricket avec un méchant crédible. Nat Gould n'a eu aucune difficulté à écrire une centaine de romans sur l'hippodrome ; il est extrêmement difficile d'écrire sur un terrain de cricket. Aucune place n'est prévue pour le récit dramatique. Le cricket dans la vie de la plupart d'entre nous est un délicieux intermède : des heures agréables en agréable compagnie ; et nous ne prenons pas notre succès ou notre échec très au sérieux. A l'école, c'est important : les casquettes et les coupes sont en jeu, les positions d'autorité reviennent aux plus compétents ; et il se trouve que la seule grande histoire de cricket de ces derniers temps est une histoire d'école, *Mike de PG Wodehouse*. Mais en dehors de l'école, il est difficile de trouver dans le cricket un motif suffisamment puissant pour permettre le développement et la présentation d'une action dramatique. Sur l'hippodrome, de grosses sommes d'argent sont en jeu. Du succès d'un cheval peut dépendre le bonheur futur du héros et de l'héroïne. Mais je doute que le résultat d'un match de cricket ait jamais, ces dernières années, entraîné bien plus que la perte ou le gain temporaire de prestige personnel. Dans *Willow the King*, JC Snaith a choisi un match de cricket comme décor d'une idylle estivale, mais l'auteur de *Brooke of Covenden* ne classerait guère cette histoire parmi ses nombreuses réalisations très considérables. Le moment du grand roman sur le cricket est révolu : irrémédiablement peut-être. Et pendant les mois d'hiver, nous nous retrouvons comme autrefois à revenir à quelques livres de réminiscences et à notre longue rangée de *Wisden en lambeaux au dos jaune*, et des deux, nous trouvons *Wisden* le plus sociable.

VII

NOUS lisons *Wisden* en hiver, lors des nuits froides, devant un feu jaillissant, et cela nous rappelle la sensation de l'herbe fraîchement tondue, la sensation d'une balle de cricket et l'agitation du soleil. C'est un substitut au cricket : et le vieux doute harcelant réapparaît, le doute qu'une littérature quelconque soit autre chose qu'un substitut, le foyer d'un désir insatisfait. Nous savons comment les personnes âgées se droguent avec des romans. Chaque jour, ils descendent à la bibliothèque et choisissent un nouveau livre, et pendant vingt-quatre heures cessent d'être eux-mêmes, redevenant dans une histoire d'aventures et de jeunes amours tout ce qu'ils étaient et ce qu'ils ne sont plus. L'ambition ne déjoue pas, nous nous demandons, cherche toujours à se réaliser dans des pièces de théâtre et des images. Inévitablement, une partie de nous-mêmes doit rester sous-développée, et grâce à un processus que les psychologues avancés décrivent comme la sublimation, nous trouvons que cette partie non développée se substitue à son expression. Un livre est-il autre chose qu'une pelle qui fouille jusqu'à notre subconscient, jusqu'à notre vrai moi ? Est-ce que quelque chose est vraiment ce pour quoi nous le prenons ?

Influence : ils en parleront pendant des heures en chaire. Influence : chaque petite chose, chaque mot, chaque pensée et chaque acte. Cela a un effet sur quelqu'un quelque part. J'entends encore la voix ténue d'un certain vieux curé traverser le sombre silence de la bénédiction. C'était son thème favori : l'influence. « On vous dira dans le grand monde, nous disait-il, que l'homme fort peut être indépendant de ses actes, qu'ils tombent de lui comme les gouttes de pluie d'un toit en pente. C'est peut-être le cas. Peut-être : pour les très rares, les très forts. Mais l'eau qui tombe des nuages repose quelque part. Il peut glisser des toits en pente, mais il trouvera son niveau. C'est le niveau où il doit accomplir sa tâche, où il pourrira le bois, rouillera le fer ou rendra le maïs doré pour les mains de l'homme. Vos actes, vos paroles, vos pensées, ils sont comme la pluie qui tombe. Quelque part, ils créeront de la beauté ou de la décadence. Ils ne resteront jamais ignorés. »

Il avait raison, bien sur. À chaque instant de la journée, nous transmettons, au fur et à mesure que nous recevons, des impressions. Mais la nature de ces impressions. C'est là que je suis juste un peu dubitatif. Cette théorie selon laquelle « ce que nous semons, nous le récoltons ». Ça a l'air bien. Ça devrait aller. Mais la vie a tendance à contredire les théories. Ce n'est pas toujours le bon arbre qui porte de bons fruits. Parfois, incontestablement ; mais un fait vaut une série d'arguments. Ou plutôt, peut-être, aucun argument ne peut résister à un fait. Et voici, comme ma contribution à l'argumentation, l'histoire de Pussy Willow, telle qu'elle me l'a racontée il y a quelques mois, à travers la table d'un restaurant miteux, dans l'une de ces ruelles qui filtrent de Shaftesbury Avenue à Soho. .

J'y passe assez souvent après la fermeture. Il y a de la danse là-bas et de la musique, si vous pouvez ainsi grâce au bruit d'un étranger mal lavé sur un banjo. Et ils ont un permis pour continuer jusqu'à midi. Je ne sais pas comment ils l'ont eu. Ils ne s'appellent même pas un club. Mais ils vous déposeront un sandwich maison et vous serviront, jusqu'à minuit, un cognac infâme concocté à une demi-couronne le verre. C'est comme la plupart des endroits bohèmes de Soho : une atmosphère empoisonnée à vivre, mais suffisamment amusante et rentable pour être visitée de temps en temps. J'aime m'asseoir tranquillement dans un coin et regarder une foule de gens rire, se disputer et boire, et essayer d'inventer des histoires autour de chacun d'eux, en me demandant qui est amoureux de qui et qui sera le successeur d'un tel ou d'un tel. Parfois je fais signe à l'un d'eux de venir partager un verre avec moi ; le plus souvent, ils viennent d'eux-mêmes et attendent une invitation.

C'est ainsi que j'ai rencontré, ou devrais-je plutôt dire, peut-être re-rencontré, Pussy Willow. Une femme potelée, voyante mais mal habillée, s'est plantée devant moi et m'a annoncé qu'elle était deux draps au vent.

"Le mien étant", a-t-elle conclu, "un double scotch, et de l'eau, pas trop."

"Admirable", répondis-je. "Un double, un serveur et un bénédictin."

Elle avala son double d'un trait, puis se pencha par-dessus la table. "Tu ne sais pas qui je suis?" dit-elle.

J'ai secoué ma tête.

« Alors je vais me présenter. Miss Pussy Willow, défunte du Théâtre du Vaudeville !

C'était une bonne actrice. Elle avait toujours su tirer le meilleur parti de sa voix, poser l'hameçon pour produire un effet. Et elle a tout compris. Je me suis assis et je l'ai regardée, j'ai regardé les joues gonflées et gonflées, les poches sous les yeux, la bouche informe où la poudre s'accumulait le long des rides, le double menton bombé, et j'ai fouillé là, comme on pourrait chercher dans le visage de un ami longtemps noyé cherchait quelque signe de traits habitués, cherchait ce visage si joli, si délicat, si attachant, si tout à fait, si envoûtant soubrette, qui avait fait battre vite tant de cœurs, quinze ans auparavant. Aucune trace. Pas une trace de celle qui avait été Pussy Willow, de la créature rayonnante qui se déhanchait dans cette grande robe argentée, devant le chœur, chantant la chanson qui avait fait fureur à Londres pendant six mois : « L'amour est la chanson de une fille et un garçon. Fini : tout cela. Cette jeunesse, ce charme, ce divin mélange de simplicité et de dévergondage, enfouis sous ce masque malsain enduit de chair et de poudre. Je ne savais pas quoi dire. Elle me regardait d'un air mi-hébété, mi-ressenti, prête à riposter si ce que je pourrais dire devait la blesser. Finalement, j'ai pensé qu'il valait mieux ne rien dire.

"Alors c'est le silence, n'est-ce pas ?" dit-elle. « Ah, eh bien, je l'avais deviné. Je sais ce que tu penses, c'est dommage, c'est ce que tu te dis. Pauvre Pussy Willow, direz-vous. Elle s'est ivre jusqu'à ça. Et puis vous rentrerez chez vous et vous penserez à quel sacré bon gars vous êtes. Et demain, tu diras à tes amis du club : « Savez-vous qui j'ai vu hier ? tu diras. « Pussy Willow, elle était assez ivre. Tout son aspect a disparu. Vous ne l'auriez pas reconnue. Et vous lèverez tous la main et direz : « C'est dommage ! et devenez pieux. Et puis vous retournerez à votre bureau, escroquerez un misérable outsider et parlerez de laisser le monde meilleur que vous ne l'avez trouvé. Je connais ton genre. Vous venez ici seulement pour vous réchauffer avec votre propre justice. Ah, vous... Mais bon, je vais vous dire ceci, monsieur : vous parlez de laisser le monde meilleur que vous ne l'avez trouvé, mais j'y ai probablement fait bien plus de bien que vous.

» Elle s'arrêta sur une note de défi aigu.

Mais encore une fois je ne répondis pas. Je savais que je n'avais qu'à attendre que l'on me raconte l'histoire. J'ai croisé le regard du serveur, j'ai hoché la tête et un autre double était à son coude. Elle l'avala rapidement, comme l'autre. Elle se pencha en avant, réchauffée, adoucie, se rappelant de continuer sur la note là où elle s'était arrêtée. « Plus bon que toi, un spectacle fleuri plus bon que toi. J'ai sauvé un jour un homme du devenir... eh bien, vous savez ce que deviennent les hommes s'ils ne serrent pas les rênes au début de la trentaine. Oui, moi, j'ai sauvé un homme. Cela me fait rire maintenant quand j'y pense.

« Je l'ai rencontré ici il y a quelques mois, tout comme je t'ai rencontré. Il était grand et bel homme, aux cheveux blancs, avec une barbe courte et bien taillée. Bien habillé : un homme d'affaires familial prospère, voilà à quoi il ressemblait. Dieu sait ce qu'il pensait faire ici. Changez, je suppose; une heure vide à remplir d'une manière ou d'une autre. Peut-être qu'il venait ici quand il était enfant et qu'il s'est soudainement senti sentimental. Quoi qu'il en soit, il est entré et s'est tenu au coin du bar et a commandé un sherry brun et avait l'air très gêné et déplacé. J'ai donné un coup de coude à la fille à côté de moi. «Le 396ème hymne», dis-je. "Deux minutes et il sera en chaire." Et nous avons ri, en avons eu une autre et avons raconté quelques histoires bleutées. Et puis, tout à coup, je me suis senti mal à l'aise et j'ai réalisé que j'étais regardé, regardé d'une manière curieuse et effrayante, comme si on me cherchait quelque chose qui était derrière moi. Il a continué ce regard, jusqu'à ce que je ne puisse plus le retenir. Je me suis dirigé vers lui. « Eh bien, vieux sport, dis-je, c'est moi. Et maintenant, qu'en est-il ?

« Il balbutiait un peu et avait l'air gêné.

« C'était impoli de ma part, mais... eh bien, vous me faites beaucoup penser à quelqu'un.

" ' Et qui pourrait-il être?' J'ai demandé.

" ' Une actrice. Vous ne la connaîtriez probablement pas. Nous avons beaucoup pensé à elle autrefois : Pussy Willow.

«Ça m'a fait tomber sur le côté, je peux vous le dire. Je pensais que le monde avait oublié Pussy, ou que ceux qui s'en souvenaient ne la reconnaîtraient plus telle qu'elle est.

« Vous devriez donc être un détective, » dis-je, « vous avez touché la bonne cible. »

«Ça a été raconté. J'espérais que ce serait le cas. Il balbutia : « Quoi ! tu... tu es vraiment le Pussy Willow qui... »

« Et tout d'un coup, pour jouer, j'ai relevé mon chapeau comme j'avais l'habitude de le faire au bon vieux Vaudeville, et j'ai enfoncé mes poings sur mes hanches et j'ai basculé en arrière et j'ai commencé à chanter le premier couplet de mon vieux truc – tu te souviens. quand je portais cette grande robe argentée, "L'amour est la chanson d'une fille et d'un garçon."

« Il savait alors : 'Pussy Willow !' murmura-t-il. Puis il me regarda comme tous ceux qui se souviennent de moi, quand je leur dis qui je suis ; m'a regardé jusqu'à ce que j'aie chaud et frissonnant.

« ' Oh, arrête,' ai-je dit, 'Donne-moi à boire, mon vieux.'

« Il a semblé se ressaisir d'un coup. «Je suis désolé», dit-il, «j'ai oublié. Garçon, envoyez une bouteille de champagne à cette table et des sandwichs.

« À mon âge, on apprend à ne s'étonner de rien. "Eh bien, les filles," dis-je, "mais c'est une fête !" Et je l'ai suivi et j'ai commencé à discuter du bon vieux temps. Je pensais que c'était ce qu'il voulait, se sentir à nouveau jeune. Mais j'ai vite compris qu'il n'écoutait pas ce que je disais, qu'il avait quelque chose à dire, mais qu'il ne savait pas comment le dire, alors j'ai continué à bavarder jusqu'à ce qu'il soit prêt.

« C'est arrivé, d'un seul coup, comme une explosion, juste au milieu d'une de mes meilleures histoires.

« ' Chatte, regarde là, je suis... eh bien, je ne suis pas riche, mais je veux faire quelque chose pour toi. Je veux... puis-je vous donner une allocation de deux livres par semaine ?

«Je me suis assis sur ma chaise, sidéré, absolument. Cela faisait cinq ans que personne ne m'avait fait ce genre de proposition.

« « Eh bien, dis-je, la vieille dame est un peu vieillie, mais ce qu'il y a d'elle est bon.

« Il lui a serré la main ; tout un geste de scène, tranquillement devant moi.

« ' Oh, non, non, non', dit-il. « S'il vous plaît, ne vous méprenez pas. Je ne voulais rien dire de tel : comme cadeau, simplement.

«Je l'ai essayé avec un regard droit et mort.

« ' Maintenant, regarde ici, mon garçon,' dis-je, 'crache-toi. De quoi s'agit-il? Les gens ne donnent pas pour rien, du moins pas dans ce monde.

"Il acquiesca. « C'est pourquoi je veux faire quelque chose pour toi. Vous m'avez rendu le plus grand service qu'on m'ait jamais rendu. J'ai un foyer très heureux et trois enfants très heureux, et sans vous, je ne pense pas que j'aurais jamais dû me marier.

"Ça m'a fait rire. « Alors tu m'as entendu chanter : « Aime-moi dans un cottage au bord de la mer » et tu as pris le prochain train pour Margate ?

" ' Oh non non! Quelque chose – quelque chose dont vous préféreriez peut-être ne pas vous rappeler. Mais vous souvenez-vous de l'époque où « The Eastern Princess » jouait au Clarion, où vous avez abandonné votre rôle à tout moment et n'avez plus été revu à Londres pendant six mois ?

"J'ai hoché la tête. Ce spectacle a été l'un des jalons de ma vie.

« ' Eh bien,' dit-il, 'j'avais alors vingt-sept ans. Je venais de passer mon premier examen médical. en Irlande et était venu à Londres pour ouvrir un cabinet à Richmond. Je n'étais pas mal. J'avais de bonnes perspectives. J'étais un sportif. Depuis huit ans, depuis mon arrivée à Oxford, j'ai travaillé très dur. Tous mes amis m'ont dit que mes manches allaient juste commencer. « Vous passerez un moment merveilleux », dirent-ils ; "il n'y a pas d'endroit comme Londres." '

« ' Et puis je suis tombé amoureux d'une très jeune fille très simple, la fille d'un pasteur de campagne que j'avais connu lors d'une tournée de cricket. Mes amis ont fait de leur mieux pour m'en dissuader. « C'est de la pure folie, disaient-ils, vous allez gâcher votre vie avant de l'avoir commencée. Vous pourriez passer un moment merveilleux. Mon cher, ne sois pas un con ! Et ils m'ont emmené dans des clubs de danse, et la chaleur et la couleur sont montées dans mon cerveau. J'ai commencé à être d'accord avec eux : le mariage était une entrave, une prison. On ne jetait pas sa vie de côté.

« ' Et puis j'ai entendu une rumeur à votre sujet. Ils disaient que vous étiez parti parce que… eh bien, votre nom était associé à celui du producteur là-bas. Quel était son nom? Ah, oui, Clive Ferguson, et ils ont dit que tu étais… eh bien… euh… très malade.

« Ça va vous surprendre, mais je pense que rien ne m'a jamais autant choqué. Je t'avais entendu chanter de très nombreuses fois. J'avais fait de vous une sorte d'idéal, comme les jeunes hommes veulent des actrices. Vous étiez devenu pour moi l'incarnation de la vie de papillon gaie et aux couleurs vives de Londres ; et, quand j'ai entendu ce bruit, votre ruine m'a semblé une critique de toute la vie que vous représentiez. C'est là que ça se termine, me suis-je dit. J'ai pensé à toi tel que je t'avais vu pour la dernière fois, chantant dans ta grande robe argentée. Et puis j'ai pensé à ce que serait la vie pour toi à partir de ce moment-là. Et je ne sais pas, mais sous sa chaleur et ses paillettes, cette vie semblait dure, cruelle et vengeresse. Un mois plus tard, je me suis marié et j'ai été très, très heureux. Et… eh bien, il est un peu tard, j'en ai peur, mais si je peux, j'aimerais pouvoir faire quelque chose pour vous maintenant. »

Pussy Willow s'arrêta de parler , rejeta la tête en arrière et sourit. "Et c'est ainsi que j'ai gagné mon argent pour la bière à vie."

« Et était-ce vrai ? » J'ai demandé.

"Vrai... qu'est-ce qui est vrai ?"

« À propos de Clive Ferguson ?

Elle eut un rire fort, dur et triomphant. "Vrai que! bon Dieu, non. Clive Ferguson! Je ne le regarderais pas. Sale grand juif gras. Je ne l'aurais pas regardé à deux fois, pas de cette façon. Je suppose qu'il a commencé cette histoire un soir alors qu'il était ivre – du pur chic pour sauver sa vanité. Oh non, il n'était pas la cause de ma petite escapade. Non, j'ai été absent pendant six mois, mon vieux sport, avec le seul homme auquel je pense avoir jamais vraiment tenu. C'était un jeune boxeur, fiancé à un imbécile du chœur. Elle l'a amené nous voir un soir. Je l'ai regardé et j'ai pris ma décision. Il n'allait pas se perdre avec des gens comme elle. Dieu! mais j'étais en colère contre ce garçon. C'est vraiment ce qui a déclenché les choses contre moi. Je l'ai précipité immédiatement; ne lui a pas laissé le temps de réfléchir ; et Clive Ferguson ne m'a jamais pardonné. La doublure était complètement ratée ; Clean a brisé la pièce, il l'a fait au cours de son deuxième mois. Il ne m'a jamais pardonné. Je ne me reprendrais plus. Et l'argent que j'ai dépensé pour ce garçon ; tous mes bijoux et tout ce que j'avais rangé ont disparu. Et bien sûr, je ne pouvais pas le garder. On ne pourra jamais les garder. Ils en utilisent un comme tremplin. Je ne m'en suis jamais vraiment remis. Je n'oublierai jamais. Mais oh bien! deux livres par semaine à vie, j'en ai perdu.

« Et si le travail d'une femme dans la vie est de rendre un homme heureux, de lui offrir un bon foyer et des enfants, eh bien, je suppose que je l'ai fait. Je pourrais rire parfois quand je pense à la façon dont je l'ai fait. Mais cela n'a pas d'importance, n'est-ce pas, du moment que les choses sont faites.

Qu'allez-vous argumenter contre cela ? et en littérature comme dans la vie.

En ce qui concerne l'effet, l'effet social et moral, c'est-à-dire les mauvais livres, les mauvaises actions, ont autant de valeur que les bons. Notre mépris du best-seller, est-il tout sauf une forme de snobisme intellectuel, ou de jalousie, ce qui est la même chose, d'un autre côté.

Meilleures ventes !

Chaque fois que je vois, sur les étals des chemins de fer et sur les étagères de la bibliothèque de Mudie, un roman de Florence Barclay, je me souviens de l'un de mes premiers amis d'école, certainement le plus étrange. Il n'était pas du genre conventionnel des écoles publiques. Il n'aimait pas les jeux. Il a refusé de rejoindre le corps. Il n'avait ni esprit de maison ni esprit d'école. C'était un bon nageur, mais il ne s'est jamais entraîné pour les compétitions. Les jeux étaient obligatoires. Mais je ne me souviens pas de l'avoir jamais vu sur un terrain de cricket, et il jouait au football à peine une fois tous les quinze jours. Il organisait chaque après-midi de la semaine un cours de musique ou une pratique musicale. L'autorité l'a laissé suivre son propre chemin. Il était, en fait, le genre de personne dont on s'attendrait à être intimidé, et en général complètement misérable. Et pourtant il n'était pas, je pense, malheureux. Il est certain qu'il n'a jamais été victime d'intimidation. Même les fanfarons, dans ce qui était certes une communauté assez bruyante, le traitaient avec respect. Cela en soi ferait de lui un candidat bien placé pour l'immortalité. Mais c'est de son étude dont je me souviens particulièrement. C'était le genre d'étude qui mettait au défi l'entreprise, et un vieux garçon, en la voyant, se serait exclamé : « Bon Dieu ! à quoi doit ressembler la maison ! Pourquoi cet endroit n'a-t-il pas été expédié ?

Cela ne ressemblait à aucune étude qui avait jamais existé. C'étaient de petites pièces sombres, nos bureaux, des quartiers monastiques qui s'étendaient à l'ombre, d'un côté, de l'abbaye, et de l'autre, des tilleuls et de la grande école. Nous avons essayé de les rendre plus lumineux avec des papiers peints légèrement festonnés, des images allégoriques et des consoles sur lesquelles nous avons placé des bergères en porcelaine ; Jusqu'à quatre pieds de hauteur, les murs étaient lambrissés, et la mode voulait que les boiseries soient recouvertes de longues bandes de tissu aux couleurs vives. C'était une mode qui s'était transmise, comme les images, d'une génération à l'autre. Ainsi, du temps de mon père, on a défiguré l'honnête travail, et c'est ainsi qu'on le défigurera quand j'aurai cinquante ans. Mon ami n'avait cependant que peu d'utilité pour la mode. Il a décidé de faire peindre ses boiseries en mauve et en noir. Et pour correspondre, il a fait recouvrir les murs d'un papier mauve profond. Au plafond, il accrochait devant la fenêtre un rideau mauve bordé de noir. Sur le rebord de la fenêtre et sur les chaises, il entassa une profusion de coussins mauves ; sur les murs, car il était un grand admirateur de

Napoléon, il se consacra exclusivement à une galerie de tableaux pour le dictateur. Il s'agissait en fait d'une étude qui, à Chelsea, susciterait une légère surprise ; à l'école, cela vous faisait chanceler avec un désarroi indigné à travers le passage. Pourtant personne ne l'a expédié, personne n'a accroché les portraits de Napoléon au mur, ni n'a décoré le plafond d'encre rouge ; et personne n'a arraché de son support, sous le gaz, l'ensemble relié en veau des romans de Mme Barclay.

Le Rosaire était son roman préféré, tout comme le mien. À chaque nouvelle lecture, nous étions émus au bord, sinon au bord, des larmes. C'est, selon les mots de l'auteur, l'histoire d'une belle femme dans une simple coquille. Aucun homme n'a jamais vu sous cette surface. Mais un jour, elle chante « Le Rosaire » lors d'un concert : le voile est déchiré et Garth Dalmain, le célèbre peintre, perçoit sa valeur spirituelle. Mais parce qu'elle craint qu'il ne se lasse d'elle, elle ne l'épousera pas, et dans une scène de pathos soutenu, au cours de laquelle le nom de la Divinité n'est jamais longtemps absent de ses lèvres, elle lui dit que leurs chemins doivent se séparer. Mais « l'amour ne faillit jamais ». Garth est providentiellement aveuglé lors d'une fusillade, et son amant lui revient comme infirmière. C'est alors que le drame s'ouvre. Elle lui écrit des lettres qu'en tant qu'infirmière et secrétaire elle lui lit et, en tant qu'infirmière, elle lui fait progressivement apprécier l'intensité de son besoin pour la femme qui l'a refusé. Et, lorsque la dernière barrière est franchie, l'infirmière se révèle comme l'amante en frappant triomphalement les accords solennels de « Les heures que j'ai passées avec toi, mon cher cœur ».

Le récit en prose ne pouvait, nous le sentions, atteindre un niveau d'émotion plus élevé, et à la fin de la journée, entre la cellule et le hall, parmi les coussins mauves, nous nous asseyions et parlions des sources secrètes, des splendeurs cachées de la vie, de comment nous aussi, dans une coquille simple, nous étions beaux. Bien entendu, il s'agissait d'un culte qui était presque de l'idolâtrie. Il fut adopté en septembre 1913, lorsqu'un exemplaire du *Carnaval* fut acheté dans une librairie ferroviaire à la fin des vacances d'été. Cet automne-là, nous avons déposé notre manteau de sentiments devant les pieds trébuchants de Jenny, et lorsqu'au début de l'été un exemplaire de *Poèmes et Ballades* a trouvé sa place dans les études de l'école, c'est la gloire disparue de Proserpine que nous avons déclamée. Nous passons d'une allégeance à une autre, comme nous passons d'une taille de col à une autre. Nous grandissions.

Mais il n'entre pas dans mon intention ici, dans ce chapitre, d'essayer de retracer la croissance, le développement ou le déclin, comme vous pourrez l'appeler, d'un goût littéraire. Ce qui m'intéresse uniquement, c'est qu'il y a dix ans je tenais Florence Barclay pour la plus grande romancière vivante, que j'ai trouvé dans son œuvre ces caractéristiques, ces qualités que je retrouve aujourd'hui dans les récits de Tourgueniev ; que, de même que Tourgueniev m'a ému en 1923, Mme Barclay m'a ému au cours de l'été 1912. Et ce fait me paraît extrêmement inquiétant. Il s'y rattache un très grand nombre de corollaires inconfortables.

Cela dépend, bien sûr, si l'on adopte ou non une vision relative des choses. Pour ceux qui soutiennent qu'il existe une norme définie en matière de jugement littéraire, les goûts des personnes immatures et sans instruction peuvent avoir peu d'importance. Vous dites à votre maître de forme que vous considérez Swinburne comme un plus grand poète que Matthew Arnold, et il vous sourira avec indulgence : « On pense comme ça à votre âge, dira-t-il, mais vous découvrirez avec le temps que Matthew Arnold est plus des trucs satisfaisants. Et je suppose que oui. En tout cas, la majorité des personnes d'âge moyen que je connais semblent le trouver ainsi. Mais je ne vois jamais que ce fait soit une preuve de la supériorité d'Arnold, pas plus que le fait qu'à quarante et un ans joue au golf avec plus de confort que le rugby n'est une preuve de la supériorité du golf. Dans une évaluation de la poésie victorienne, un critique estime avoir prouvé son point de vue lorsqu'il écrit : « Swinburne est le poète suprême de la jeunesse, mais à mesure que les années passent, son flux sonore tumultueux signifie moins pour nous, et nous apprécions de plus en plus la poésie châtiée. , cadences harmonieuses de Matthew Arnold. En fait, bien entendu, il s'est contenté de déclarer que la poésie de Swinburne est la poésie de la jeunesse et celle d'Arnold de la cinquantaine. Que chaque poète a certaines qualités et certaines limites, et en acceptant la supériorité d'Arnold, il a supposé que les goûts d'un homme de cinquante ans sont plus significatifs, moins éphémères, plus sûrement construits que ceux d'un homme de vingt-cinq ans.

C'est une hypothèse devant l'autorité de laquelle la plupart des jeunes écrivains, en particulier les écrivains de fiction, ont été traduits en justice à leur époque. « Ces histoires, dit le critique, sont assez bien écrites, les personnages dessinés avec compétence, les situations savamment préparées. Mais le livre s'intéresse entièrement aux problèmes de l'adolescence, c'est-à-dire à des problèmes qui, dans quelques années, n'intéresseront plus l'auteur. Sa qualité est donc strictement temporelle. L'auteur a été condamné, non pas en raison de son savoir-faire littéraire, non parce qu'il n'a pas réussi à bien faire ce qu'il s'était proposé de faire, mais parce qu'il a employé un matériel peu rentable, parce que les perplexités et les enthousiasmes de l'adolescence qui formaient le thème de son ouvrage Les livres sont éphémères et doivent céder avec le temps aux perplexités et aux enthousiasmes de la virilité. Il est sans doute inévitable que la critique littéraire accepte la qualité de permanence comme critère décisif, qu'elle considère la période de durée plutôt que l'intensité de l'humeur passagère ; mais même pour ses propres raisons, la critique ne ferait-elle pas mieux de rechercher cette qualité dans l'habileté et la sincérité du traitement, plutôt que dans le matériau traité ?

Car les goûts d'un homme de cinquante ans sont-ils plus permanents que ceux d'un homme de vingt-cinq ans ? Ne peut-on pas encore lui dire : « Tu te sentiras différemment quand tu seras plus grand. Vous regarderez la personne que vous êtes maintenant comme un étranger : un homme avec des affections différentes, des ambitions différentes et une manière de vivre différente. Vos enthousiasmes actuels passeront à leur tour, nous pouvons vous l'assurer. Ils passeront aux préférences tièdes de la vieillesse, et vous resterez assis dans le fumoir de votre club, le principal plaisir de votre vie étant l'immunité contre la goutte, le principal problème étant d'éviter les courants d'air. Pouvons-nous, avec plus de justice, condamner les problèmes de vingt devant le tribunal de quarante-cinq que ceux de cinquante devant ceux de quatre-vingts ? Le cerveau n'est pas inutile maintenant car il se ramollira un jour ; les dents ne sont pas inefficaces car elles finiront par se carier. Le jeune homme n'écoute guère l'antiquité impuissante qui lui assure que le charme de la femme est un piège et une illusion. "Quand tu auras mon âge, ça ne t'émeut plus." Dans un monde de sensations fugitives, il n'existe pas de point fixe à partir duquel quiconque puisse dire : « jusqu'ici et pas plus loin ». Nous avons droit à notre âge ; aux problèmes, aux troubles, aux enthousiasmes compensateurs de notre époque, et nous avons un droit égal à la littérature la mieux adaptée pour les nourrir et les inspirer.

De même, une époque particulière a droit à la littérature la mieux adaptée à ses besoins. Les livres suivent une vague récurrente de popularité et de dépréciation. Le chef-d'œuvre de 1820 est la Tante Sally de 1850, mais en 1880, elle a retrouvé sa faveur. "Le chef-d'œuvre est l'ambiance, et toutes les humeurs passent, sauf Shakespeare et la Bible." Ceci de George Moore. Mais de Shakespeare, comme des autres. Il n'avait pas grand-chose, ou rien, à dire sur le XVIIIe siècle : sur cette période sans égal d'élégance et de raffinement. Ils ont réécrit « Le Roi Lear » : ils l'ont fait se terminer joyeusement avec Cordélia dans les bras d'E dgar. La tragédie de Shakespeare a été décrite par M. Tate dans l'épître de dédicace à sa propre version « comme un tas de joyaux, non enfilés et non polis, mais si éblouissants dans leur désordre que j'ai vite compris que j'avais saisi un trésor ». Nous sommes enclins à sourire devant une folie aussi ridicule. «C'est donc tout ce qu'ils savaient», disons-nous. Mais je pense que M. Tate a eu la sagesse de réécrire « Le Roi Lear » dans le langage de son époque. Le XVIIIe siècle qui a produit Swift, Addison et Pope n'a pas été moins cultivé que le siècle qui a produit Shakespeare, Donne et Milton, et se compare très favorablement au nôtre qui a produit — mais je ne serai pas personnel. Il suffit de dire que le XVIIIe siècle avait parfaitement le droit de dire : « Voilà ce qui nous plaît ». Elle pourrait justifier par ses créations son exclusivité. Et, à l'époque, il était tellement certain d'avoir raison – aussi certain que nous le sommes aujourd'hui que Clifford Bax est amplement justifié dans le massacre des dialogues et des vers de M. Gay qu'il a fait dans sa nouvelle version de « Polly ». »

Avec quelles émotions, je me demande, le spectre de John Gay a-t-il dû assister au Kingsway Theatre au triomphe de son opéra. Il n'a peut-être pas manqué de trouver, après un intervalle de deux cents ans, l'accueil ravi de son œuvre extrêmement gratifiant. Mais il ne peut pas non plus manquer de se demander ce qui a pu arriver à son jeu pendant cet intervalle. « Cela, on peut l'imaginer avoir dit, est, bien sûr, parfaitement délicieux. » Mais c'est pour une tout autre raison que Londres fut divisée en deux camps, et que la duchesse de Queensberry se vit interdire l'accès à la cour. J'ai écrit une satire politique et sociale. J'ai transporté aux Antilles la plus remarquable de mes créations dans « L'Opéra du Mendiant ». J'ai confié à Mme Trapes la direction d'un établissement que la courtoisie m'a permis de qualifier d'« académie de jeunes dames de chant et de danse ». De Macheath, j'ai fait un chef pirate, déguisé avec un visage noirci, et marié, à son grand regret, à Jenny Diver. Dans la personne scandaleuse de M. Ducat, colonel de la milice, j'ai fait la satire de l'administration coloniale britannique. Polly Peachum, venue sur l'île à la recherche de son coquin de mari, me permettait d'être seule une créature agréable et vertueuse. Et en lui faisant épouser, après l'exécution bien méritée de Macheath, le prince indien Cawwawkee, j'ai établi la supériorité du « noble sauvage » sur l'homme blanc faible, lâche et indulgent. C'était mon opéra. Mais je trouve remarquablement peu de tout cela dans la version que M. Clifford Bax a si élégamment adaptée et que M. Nigel Playfair a produite avec tant de succès.

« La satire sociale et politique a été supprimée. Aucune comparaison n'est établie entre les vertus de l'homme noir et celles de l'homme blanc. Macheath n'est même jamais menacé du sort que je lui avais préparé, mais retrouve sa santé, son charme et sa vigueur grâce aux étreintes avides de sa fidèle Polly. Les deux tiers de la pièce ne m'appartiennent pas du tout, et bien que je sois très sensible aux charmes de ses nombreuses paroles envoûtantes, je ne peux revendiquer qu'une petite part de leur paternité. Tout cela est, comme je l'ai déjà fait remarquer, parfaitement délicieux ; mais qu'est-il arrivé à ma pièce ?

Nous aimons penser que M. Gay a dû désormais se rendre compte à quel point sa propre édition était extrêmement mauvaise. On ose, quoi qu'en disent les biographes, discerner dans son œuvre la présence d'une personnalité géniale et sans prétention. A présent, disons-nous, il aurait dû acquérir un sentiment de détachement suffisant à l'égard des jalousies, des rivalités et des querelles du début du XVIIIe siècle pour se rendre compte qu'il en avait lui-même fait un triste gâchis, que Clifford Bax avait parfaitement raison et qu'il Il aurait été impossible que Macheath meure, ou que la divine Polly soit mariée à un noir.

Sans aucun doute, ils disaient à peu près la même chose de M. Tate il y a deux cents ans. Pour le dandy de 1720, il paraissait aussi impossible que Lear meure, comme l'est aujourd'hui l'exécution de Macheath. Et, de même que

Clifford Bax a trouvé dans les malheurs de Polly la chaîne unique sur laquelle pourraient s'enfiler des personnages et des incidents qui autrement auraient été sans importance, de même M. Tate a découvert dans l'amour d'Edgar pour Cordelia l'unité manquante de Lear. La Polly de M. Gay était aussi impossible aujourd'hui que le Lear de M. Shakespeare l'était en 1720. En 2020, qui sait, mais la version de M. Tate sera sur les planches du Lyric, Hammersmith, et Sa Majesté mettra en scène un Gay non expurgé. Chaque âge prend la nourriture dont il a besoin. Comme le vin en bouteille, certains livres se détériorent et d'autres mûrissent.

Et en effet, quelle est cette postérité pour qu'on fasse tant appel à elle ? Ne sommes-nous pas nous-mêmes des mortels faillibles et imparfaits, postérité des Victoriens ? Je peux voir Browning marcher avec Tennyson dans les Champs Elysées. Ils discutent du journalisme littéraire de leur époque. « C'était mauvais », marmonne Browning dans sa barbe, « vraiment très mauvais. Il y avait un type idiot appelé John Stuart Mill. Qu'a-t-il dit à propos de mon premier livre ? « Le truc le plus gêné qu'il ait jamais lu. » Mais je ne m'inquiétais pas. J'ai regardé devant moi. Je me contentais de laisser la postérité décider ; et j'ai ma récompense. J'ai lu la semaine dernière une chose si charmante sur moi par, laissez-moi voir maintenant, une jeune personne très vigoureuse, je pensais… ah, oui, Miss Rebecca West… »

L'autre jour, j'ai écouté pendant plus d'un quart d'heure la plainte d'un jeune poète dont les œuvres avaient été gravement malmenées dans le *London Mercury*. Il a hautement injurié la tête de M. JC Squire et de M. Edward Shanks ; il ne fut pas non plus moins généreux envers les critiques sans rapport avec ce périodique : envers Middleton Murry, TS Eliot et Robert Lynd ; un à un, ils furent présentés au fouet du ridicule. Finalement, le poète blessé tourna un regard affectueux et d'adieu vers les grands hommes du passé : Matthew Arnold, Ruskin, Emerson, Carlyle. « Là, dit-il, il y avait des critiques à votre égard. » Et après une pause : « Eh bien, dans cinquante ans … » Et il haussa les épaules comme quelqu'un qui peut se permettre d'ignorer de telles bagatelles face au temps.

Je n'ai rien dit. Je suis une personne placide ; Je n'aime pas les querelles. Voilà pourtant ce que, si j'avais été façonné autrement, j'aurais pu dire : « Mon bon, mon très bon ami, aurais-je dit, tu méprises ta propre génération. Vous vous contentez de faire appel à la postérité. Vous placez votre foi dans les traditions qui vous ont été transmises par de grands écrivains du passé. Très bien, mais permettez-moi de vous rappeler que Matthew Arnold, lui aussi, méprisait sa génération et faisait appel à la postérité. Il espérait qu'en 1923 il recevrait les éloges de Robert Lynd, de JC Squire et d'Edward Shanks. Ce qui était assez bien pour Matthew Arnold devrait l'être pour vous. Les jugements de la postérité ne seront probablement pas plus profonds que ceux de 1923. Car un jour, cette postérité que vous vénérez tant sera aujourd'hui, et dans ce club et dans ce fauteuil sera assis un poète mécontent racontant à un ami indifférent comment des choses bien meilleures ont été faites en 1923. Nous ne sommes ni meilleurs ni pires que les autres générations. Nous sommes un peu différents, c'est tout. Et parce que nous sommes un peu différents, ce que vous, mon ami, écrivez maintenant sera peut-être plus facilement compris en 1950 qu'aujourd'hui. Mais, pour cette raison, votre œuvre ne sera pas d'une qualité supérieure à celle de Walter de la Mare, dont les vers nous font tant plaisir maintenant. Si vous êtes populaire en 1950, vous serez peu lu en 1980. Car c'est ainsi que les choses se passent, et votre discours sur Matthew Arnold est un mélange de vanité et de snobisme ; que je n'en entende plus parler.

J'aimerais croire qu'il existe quelque part une norme de critique littéraire, mais le pouvoir d'apprécier la beauté est une qualité relative à nous-mêmes : et il y a des moments où il me semble aussi vain de chercher une norme de critique littéraire. la beauté dans la littérature comme il le serait d'en rechercher une chez la femme. Nous répondons à un certain type de beauté. Et nous disons d'autres types : « Je suis sûr, mon cher, qu'elle est parfaitement charmante. Je ne suis pas du tout surpris que vous soyez désespérément ravi. Mais pour ma part, comme je l'ai dit, elle me laisse froid. Nous ne tentons pas d'expliquer ou de juger une beauté chez la femme que nous ne pouvons pas comprendre. Pourquoi alors parler si dogmatiquement d'une beauté littéraire qui ne nous touche pas ; pourquoi nierions-nous l'existence d'une beauté à laquelle nous sommes insensibles ?

Il fut un temps un peintre dont il serait discret de cacher la personnalité sous le pseudonyme d'Eric Walker. Il n'avait jamais vu le pays. Il ne savait pas que des arbres existaient en dehors des limites soigneusement entretenues de Burnden Park. La seule autre étendue d'herbe qu'il ait jamais vue provenait des terrasses d'un terrain de football. Pour lui, le ciel avait toujours été voilé de fumée, coupé par le contour d'immenses cheminées. La seule beauté qu'il pouvait comprendre était l'efficacité propre et dure d'une machine. Avec des yeux avides, il avait vu des pierres soulevées dans les airs par des bras de fer ; il avait regardé la lueur des fourneaux vaciller sur l'acier poli. Pendant des heures, il était resté sous la grande usine de North Town, tandis que la lumière du soleil coupait la fumée en angles durs et aigus. Le bruit et l'éclat des machines l'enchantaient, et lorsqu'un professeur avisé avait découvert qu'il savait dessiner, il était tout naturel qu'il essaie d'interpréter en termes de lignes et de couleurs ces images et sons particuliers qui seuls avaient pour lui une valeur esthétique. .

Le succès lui est venu facilement et rapidement. Il a été repris par les bonnes personnes, ses photos ont été discutées dans les bons cercles et, lorsque son exposition a eu lieu, les bons critiques ont dit les bonnes choses dans les bons journaux. Eric Walker s'est soudainement retrouvé riche ; il est venu à

Londres, a été très apprécié et a vendu ses tableaux facilement. Pendant six mois, il fut l'enfant adoré de Mayfair.

Mais au bout d'un moment, son accueil devint moins chaleureux. Lors de sa réception, Gerald Garstin écrivait : « Voici un jeune homme qui a su interpréter avec succès le commercialisme dur et calculateur du Nord. Dans une fureur d'indignation, il a révélé le manque d'âme des conditions modernes. Toute sa vie, il a été entouré de misère et de laideur. Que ne pourrait-il pas faire quand il aura vu davantage la vie et appris à apprécier la beauté dans son sens le plus large ? Et Mayfair avait souscrit à cette opinion. « Un jeune homme si merveilleux », se disaient-ils. « Et dire qu'il a passé toutes ces années dans cet endroit horrible, rien que de la fumée et des cheminées. Quelle révélation ce doit être pour lui de venir à Londres, et comme il saura l'exprimer magnifiquement. Et les mécènes de l'art moderne attendaient que le plaisir d'Eric éclate en une explosion de formes et de couleurs.

Cependant, rien de tel ne s'est produit. Lors de l'exposition annuelle du groupe Chelsea, il était représenté par une grande image d'un train entrant dans une station de métro tel qu'il serait vu à travers les yeux du conducteur. Aux galeries de Florence, il a exposé un tableau intitulé « Charing Cross Road », dans lequel un petit garçon regardait les fourneaux incandescents de MM. Crosse et Blackwell, et à la New Movement Society, il a contribué « Liftman at Piccadilly Circus ». L'annonce selon laquelle il travaillait sur « Surrey et Middlesex à l'Ovale » laissait présager de meilleures choses, mais ses partisans ont encore une fois été déçus. Dans un coin éloigné de la toile se trouvaient une tache verte et une figure blanche, le reste étant occupé par le télégraphe et les gazomètres. Il était généralement admis qu'Eric Walker n'avait pas tenu sa promesse.

« Aussi intéressante que puisse être cette œuvre », a écrit Gerald Garstin, « elle ne peut en aucun cas être qualifiée de belle, et sans beauté, où est l'art ? » Une fois de plus, Mayfair a fait écho aux déclarations de son critique de confiance. « Ce n'est pas beau tout ce rabâchement de machinerie et de laideur. Je suis sûr qu'il ne peut pas avoir un bon esprit. Pourquoi ne regarde-t-il pas le côté agréable des choses ?

Pour Eric Walker, ce changement d'attitude s'est produit de manière abrupte et incompréhensible. « La beauté », dit-il. « La beauté, que veulent-ils dire ? Mes photos ne sont-elles pas belles ? Pour lui, il n'y avait rien de plus beau au monde que les angles que le soleil découpait en fumée, que la lueur d'une fournaise sur une chair humide, que le rythme doux et dur d'un piston. "La beauté", a-t-il déclaré, "c'est la seule chose vers laquelle je me suis vraiment efforcé, d'obtenir la pleine valeur de ces choses que j'ai appréciées, d'interpréter la magie de ces sons et de ces couleurs, de faire réaliser aux autres la forme parfaite, l'équilibre, équilibre d'une machine. Que signifient-ils?"

Finalement, il confia ses ennuis à Mme Abbot, une femme gentille et sentimentale, qui avait toujours plutôt materné le jeune artiste. Il lui confia tous ses ennuis, lui racontant comment ils avaient mal interprété son travail, le qualifiant de laid.

"Mais, mon cher garçon, c'est laid !"

"Laid! Oh, mais, Mme Abbot. Eh bien, viens ici. Regardez là-bas. Voyez-vous la grande cheminée de l'usine à gaz ? Voyez-vous comme l'éclat rouge brille sur les toits noirs ; quoi de plus beau ?

Et il bondit, lui saisit la main et l'entraîna vers la fenêtre. Peu à peu, Mme Abbot l'apaisa.

« Mon cher garçon, dit-elle, j'ose dire que tu aimes peut-être ce genre de choses, mais tu découvriras que ce n'est pas ce que nous trouvons sympa, et c'est ce que les autres trouvent sympa qui compte. Vos cheminées sont toutes très belles, et je sais que vous les aimez, mais les choses que nous appelons belles ne sont pas du tout comme ça.

"Non?"

« Non, bien sûr que non, poursuivit-elle, les choses que nous aimons – enfin, les arbres, les champs, l'amour – oh, vous savez, la joie, la beauté de la vie. Ce sont les choses que vous devriez peindre.

Eric Walker regarda avec tendresse l'éclat rouge de l'usine qui brillait sur les toits environnants, puis il se tourna tristement vers les aquarelles accrochées aux murs, douces et délicates, les roses et les tonnelles, avec une suggestion d'Amour, éphémère et dangereusement cher. Pour lui, il n'y avait pas de beauté là-bas, seulement de la lâcheté, de la faiblesse et de l'évasion.

Ce soir-là, Mme Abbot eut une longue et sérieuse conversation avec son mari au sujet de son jeune protégé.

"Il faut faire quelque chose, Harry," dit-elle. « C'est un garçon tellement cher, et il gâche absolument ses chances. Maintenant, je vous dis ce que nous devons faire. Il faut l'éloigner de tout cela et l'emmener dans un endroit naturel et primitif. Une fois libéré des influences sordides, il réagira à la beauté comme un enfant.

M. Abbot était marié depuis vingt ans et avait appris que son confort personnel ne pouvait être acheté que par une totale indulgence pour les fantaisies de sa femme.

"Très bien, ma chère," dit-il, "nous verrons ce qui peut être fait."

Des dispositions ont donc été prises. Un ami invalide possédait une petite maison sur une île du Pacifique qu'il était prêt à louer pour des vacances d'été. Mme Abbot a sauté sur l'occasion et, alors qu'Eric Walker se soumettait à un décret intraitable du destin, cinq semaines plus tard, lui et M. et Mme Abbot se penchaient sur le haut du navire et regardaient la mousse barattée s'étendre en une ligne blanche derrière eux.

L'île était certainement très charmante. L'air était doux et parfumé, le bleu profond du ciel se fondait presque imperceptiblement dans le bleu plus profond de la mer. Le jardin était plein de fleurs riches et de végétation luxuriante ; le soleil était plein et lourd ; c'était le genre d'île qu'on ne s'attend jamais à voir, mais dont on rêve avec tendresse, désespérément.

"Maintenant," dit Mme Abbot, "vous serez capable de peindre de merveilleux tableaux, n'est-ce pas, Eric ?"

«Je l'espère», dit-il en regardant autour de lui avec des yeux perplexes ce monde qui, malgré toute son explosion de couleurs, manquait si étrangement des images et des sons auxquels il était habitué.

Pendant quatre jours, il erra avec son carnet de croquis et ses aquarelles. Il essaya d'abord de dessiner la petite maison envahie de fruits et de fleurs, mais les lignes se confondaient et il ne parvenait pas à trouver la forme nette qu'il comprenait. Il essaya ensuite de peindre la lumière du soleil vacillant sur les vagues, mais son mouvement était irrégulier et spasmodique, inadapté à sa méthode, et il échoua également lorsqu'il essaya d'interpréter le balancement des branches et l'affaissement paresseux des oranges. Il était perplexe, malheureux, incapable de comprendre pourquoi des choses aussi vagues et indéfinies pouvaient être qualifiées de belles. La voix large et aimable de Mme Abbot ne parvint pas à le réconforter.

« Attendez que votre inspiration vienne », disait-elle. "Promenez-vous et absorbez tout ce qui vous entoure, et vous peindrez avant de savoir où vous êtes."

Et le lendemain, il semblait que sa prophétie s'était réalisée. Eric était sorti directement après le petit-déjeuner avec son chevalet, ses peintures et sa toile. Ils ne l'avaient pas vu de toute la matinée ; il n'était pas revenu déjeuner et, à l'heure du thé, il n'y avait toujours aucun signe de lui.

«Je le savais», a déclaré Mme Abbot, «je le savais. Il suffisait de l'emmener et de le placer dans un nouvel environnement ; il devait forcément répondre à la beauté, il n'avait besoin que du soleil.

Dès qu'elle eut fini son thé, elle partit à sa recherche, bavarde d'excitation.

« Maintenant, à votre avis, qu'est-ce qui l'a ému ? Je me demande si c'était la baie. Non, il se tenait au sommet de la colline et il a regardé en bas et a vu le village allongé là, au soleil ! Croyez-moi sur parole, nous le retrouverons sur la colline !

Mais ils ne le trouvèrent pas sur la colline, il ne peignait pas non plus la baie ni l'orangeraie, et ils le cherchèrent en vain aux lisières de leur petit verger. Finalement, ils commencèrent à se sentir un peu nerveux et à se demander avec inquiétude s'il aurait pu lui arriver quelque mal. Ils se renseignent auprès des indigènes, mais n'apprennent rien, et ce n'est que vers l'heure du dîner qu'un pêcheur leur dit où il se trouve.

« Le jeune artiste ? Oui Monsieur. Je l'ai vu tôt ce matin entrer dans cette petite cabane brisée au bord des galets, et bien que j'aie travaillé ici toute la journée, je ne l'ai pas vu en sortir. Il est probablement encore là.

M. et Mme Abbot se regardèrent de travers. Que pouvait vouloir Eric dans cette petite maison délabrée qui s'écroulait lentement sur la tête d'une vieille femme ratatinée et de sa fille ? En pensant à sa fille, Mme Abbot commença à rougir. Et si le vent du sud et la beauté soudaine avaient poussé Eric à s'exprimer dans des termes plus personnels que ceux de la peinture ? Les artistes étaient notoirement immoraux et les insulaires, avait-elle toujours entendu dire, étaient malheureusement faibles.

Elle se dépêcha, le cœur battant vite, excitée et perturbée.

En quelques instants, cependant, toutes ses craintes quant à l'innocence du doux insulaire furent bannies. Car là, au fond de la petite cabane, une vieille femme, noire et ratatinée, préparait son dîner sur un poêle en fer. Son cou et ses bras étaient nus, et la lueur rouge du feu brillait faiblement sur la chair humide, la lumière du soleil mourant se faufilant en une longue et large bande à travers une fente dans la boiserie tombait sur sa gorge, coupant les courbes de ses seins pendants en deux. des angles durs et aigus, et à quelques mètres de là, Eric Walker travaillait sur sa toile dans une belle frénésie d'inspiration.

VIII

Ce qui est beau pour un homme est laid pour un autre. Il existe un proverbe « sur la viande d'un homme » ; mais il y a une certaine charité à l'appliquer à la littérature. Les écrivains aiment croire qu'il existe un critère de critique ; que leur travail est définitivement bon, mauvais ou indifférent.

Bien; nous sommes des créatures aux limites infinies. Une certaine gamme de sentiments relève de notre compréhension ; De vastes étendues de vie doivent être pour nous à jamais un pays inconnu. JC Squire annonce que *Jurgen* est un mauvais livre, mais il ne nous persuade pas que notre admiration soit déplacée. Nous considérons son article comme l'expression d'une aversion personnelle. Car la critique finit toujours par revenir à ceci : « J'aime ça, ou je n'aime pas ça ». La critique est une autobiographie, tout comme ces pages sont une autobiographie, l'expression de préférences et de dégoûts personnels. Et, dans l'ensemble, je pense que les critiques sont mal avisés d'écrire des livres qu'ils n'aiment pas. Leur incapacité à apprécier le livre est tout aussi probablement de leur faute que de celle de l'auteur. Et je me trouve singulièrement en désaccord avec le type de critique qui tente d'expliquer ses enthousiasmes et ses désapprobations par la métaphysique. Il discute pendant trois pages de ce qu'il considère comme la fonction de la littérature. « La littérature, conclut-il, est la sublimation des phénomènes ». Et, pour le reste de son article, il montre quels poètes satisfont et lesquels ne satisfont pas aux exigences de sa formule. Et bien sûr, il ne nous laisse pas impressionné. La capacité à argumenter n'est pas une preuve de goût littéraire. Et si le contenu de l'article doit être : « J'aime ou n'aime pas ce livre », alors le critique a le devoir de nous persuader qu'il est une personne dont l'opinion mérite notre attention. Il peut nous le prouver de deux manières, de préférence des deux. Il peut montrer qu'il a lu et apprécié une quantité de bonne littérature. « Un homme », disons-nous, « qui a vraiment apprécié Tourgueniev, devrait avoir une norme implicite dans sa réponse émotionnelle aux autres livres. S'il dit que ce livre est bon, il doit y avoir quelque chose dedans. Ou encore, le critique peut prouver, en écrivant de manière intéressante et intéressante, qu'il a le sens de la littérature. Car il n'y a rien de plus accablant pour un livre qu'un avis favorable, mais mal écrit. "Si l'idiot qui a écrit ceci", pense le lecteur, "a aimé ce livre, alors je suis presque certain que je ne devrais pas." La critique aurait beaucoup plus de poids si elle oubliait son sens des responsabilités et se souvenait que son but est, comme celui de toute littérature, le divertissement du lecteur.

Revenons donc à cet original, à ce fait déconcertant selon lequel Florence Barclay était pour moi il y a dix ans l'équivalent de Tourgueniev. C'est ce qu'elle pensait ; elle l'a révélé. Elle a touché le cœur aussi sûrement et aussi profondément. Et encore une fois surgit cette inconfortable connaissance qu'un livre n'est après tout qu'un objectif pour nous-mêmes, une pelle pour déterrer l'absolu. Et le type de pelle que vous utilisez est-il important tant que le travail est terminé ? L'objet de toute émotion importe moins que l'intensité de l'émotion qu'il a suscitée. Un amour est-il moins réel, moins tendre, moins passionné, moins altruiste parce qu'il a été inspiré par une femme superficielle, triviale et sans valeur ? Est-il très important d'où nous tirons cet état de conscience élevée que nous atteignons sans aucun doute grâce à la littérature, pour autant que nous l'atteignons ? Nous sommes plus riches du *roi Lear*, d'*Anna Karénine*, de *Lycidas*, car ces livres nous ont révélé ce qui est éternel en nous. En leur compagnie, nous avons momentanément oublié les angoisses, les ambitions, les frivolités qui nous éblouissent et nous distraient, qui se déplacent en profusion étincelante et ahurissante à la surface de nos vies, qui appartiennent au temps et à l'espace. Dans de tels moments de conscience accrue, nous sommes en harmonie avec nous-mêmes, nous nous considérons comme faisant partie de ce modèle dont parlait Pater, le modèle dont les fils passent de chaque côté de nous.

Et c'est vers de tels moments que nous tendons toujours, pour la plupart indirectement, dans notre travail, nos amours, nos divertissements et nos distractions. Nous ne sommes pas satisfaits de ce que nous sommes et de ce que nous avons. Ce qui est immortel en nous lutte vers ce qui est lointain, dans l'espoir, dans la croyance qu'il peut s'avérer immortel. Il se peut que les livres ajoutent quelque chose à notre stature émotionnelle et intellectuelle, qu'ils soient le sol riche dans lequel nous creusons à la recherche de trésors ; mais je préfère penser que nous sommes un sol riche, que nous contenons un esprit immortel et que notre succès ou notre échec ultime doit être jugé par notre capacité à garder cet esprit nourri et vivant. S'il en est ainsi, et c'est une philosophie qui s'est recommandée à Wordsworth, n'avons-nous pas raison de dire que Florence Barclay et Tourgueniev remplissent une fonction similaire dans des domaines différents ?

Il n'y a aucune différence dans la qualité ni dans l'intensité de l'émotion. Je suis, je crois, sourd et j'ai un goût musical tout à fait déplorable. Mais certaines musiques me touchent très profondément. Parfois, c'est par la musique avec laquelle j'ai des associations personnelles – des marches et des airs de danse – et cela, bien sûr, à proprement parler, ne devrait pas compter. L'émotion n'est pas inspirée par la musique, mais par la scène évoquée à travers elle. Mais bien souvent, il s'agit d'une histoire entraînante entendue pour la première fois dans un restaurant ou de l'autre côté d'une rue. Je l'écoute avec un plaisir ravi, enthousiasmé par les trucs, les plaisanteries et les syncopes, et je suis tout à fait prêt à accepter l'assurance de mon compagnon selon laquelle c'est une chose bon marché, vulgaire et sentimentale. «Je m'en fiche», dis-je, «ces choses sont relatives. Cela m'émeut, c'est donc pour moi un chef-d'œuvre.

Tout le monde s'est, je suppose, arrêté à un moment ou à un autre pour examiner les vitrines du type de librairie qui abonde dans certaines rues de l'ouest de Londres. Ils se ressemblent curieusement, ces lieux-là. Un côté de la vitrine est rempli d'articles dont il est inutile de préciser la nature, et l'autre côté de la littérature que la direction semble considérer comme la plus susceptible d'encourager leur achat. La sélection de cette littérature ne change pas beaucoup avec le temps. Il n'y a pas de saisons de printemps et d'automne dans ces librairies. Parfois, un nouveau roman y trouve sa place ; Parfois, un éditeur insensible ou peu entreprenant permet à un favori en voie de disparition de disparaître de la circulation. Mais il y a, dans l'ensemble, une fidélité louable envers les vieux amis. Si vous étiez miraculeusement transplanté dans le Piccadilly de 1926, vous ne trouveriez qu'une demi-douzaine des volumes qui ornent aujourd'hui si fièrement les devantures de la librairie de M. Hatchards, mais l'apparence de la vitrine douteuse ne sera probablement plus la même. modifié en 1930 qu'il ne l'a été depuis 1910. La Croix de Victoria sera là, ainsi qu'Elinor Glyn, et les confessions de l'aristocrate à la retraite qui se contente de signer lui-même « A Peer ». Il y aura les mêmes classiques français, *Droll Stories* , *Madame Bovary* , *A Woman's Life* . Les titres allitératifs de Gertie de S. Wentworth James apparaîtront sur un cercle d'armes entrelacées. Entre *Bel-ami* et *Anna Lombard* se déroulera de manière alléchante *A Bed of Roses* . Le public, quel qu'il soit, qui fréquente de tels établissements connaît son esprit.

Ce sont de bons porte-chapeaux, ces librairies, pour le ridicule, pour la dénonciation, pour la satire. Ils peuvent faire un sermon pour le prêtre, un médium pour le journaliste, une comparaison pour l'homme politique. Pour celui qui étudie la vie, ils constituent un sujet de curiosité spéculative.

Qu'est-ce que, se demande-t-on, ce public au goût si catholique ? On voit rarement quelqu'un entrer dans une de ces librairies. Il y a toujours deux ou trois personnes qui regardent la fenêtre avec envie, mais la gêne les retient. Ils n'osent pas déclarer publiquement leur intérêt en achetant un volume. En effet, il y a des moments où l'on se demande comment ces magasins exercent leur activité. S'agit-il, on se le demande, d'un spectacle et rien d'autre ? Les mêmes livres restent-ils là d'une saison à l'autre pour la simple raison que personne ne les achète ? Une fantaisie agréable, mais apparemment ils exercent un commerce très excellent et très florissant. J'ai demandé un jour à un propriétaire si la crise du commerce l'avait affecté. « Très peu », dit-il. "Juste avant l'armistice, j'ai commandé deux mille exemplaires de *Cinq Nuits* et j'ai vendu le dernier hier."

Deux mille exemplaires d'un livre dans un seul magasin en trois ans. Cet homme devait vendre en moyenne deux exemplaires de *Five Nights* chaque jour. M. Bumpus peut-il en dire autant de Shakespeare ? Deux mille exemplaires en trois ans ! Il est bien sûr facile de hausser les épaules et de dire

: « Mais pour de telles choses, il y aura toujours un public. » Et pourtant, un geste aussi vague n'explique pas cette incroyable popularité. L'attrait de *Cinq Nuits* n'est pas, je crois, dû à ce que les évêques décrivent comme les instincts les plus bas de la nature humaine. Victoria Cross l'a écrit dans l'innocence de son cœur, croyant fermement que c'était un bon livre. C'est un livre sincère comme *le Rosaire* est sincère et *la Voie de l'Aigle* est sincère. C'est écrit avec émotion ; elle aimait l'écrire. Sa sensualité sentimentale est chaleureuse, écoeurante et agréable, comme un bain chaud après un trop bon dîner. Il arrive même un moment où la chaleur du bain mêlée à celle du Pommard nous fait nous demander si c'est finalement une si épouvantable bêtise. Quelques pages de plus, nous décidons que c'est le cas ; mais il y a eu ce moment de doute.

C'est ainsi que cela se produit, je suppose.

Le vendeur, alors qu'il rentre chez lui à la fin de sa journée de travail, est ému d'un sentiment d'envie pour la vie avide de plaisirs qui ne s'éveille dans la ville qu'au moment où il la quitte. Sa propre vie est ennuyeuse, avec de petites excitations. Il ressent le besoin de sensations indirectes. La couverture et le titre du chef-d'œuvre de Miss Cross le séduit. Et tandis qu'il rentre chez lui, il est agréablement excité par la description de l'intrigue du peintre avec les Chinois. Mais il ressent tout autre chose lorsqu'il rencontre l'héroïne et se trouve confronté à ce qui lui apparaît comme une image de noblesse et d'abnégation. Il est profondément ému. Qu'il s'agisse de mauvaise littérature n'a pas d'importance. Il suffit qu'elle suscite en lui les mêmes pensées et émotions qu'Anna *Karénine* suscite chez un homme de lettres. Il se sent en contact avec une grande passion, une passion qui peut outrepasser les conventions d'une heure et d'un lieu, qui détruit la vie mais en fait d'abord une chose qui vaut la peine d'être possédée. Dans le monde de la fiction populaire, *Cinq Nuits* entretiennent avec *Le Rosaire* le même rapport que, dans le monde littéraire, *Manon Lescaut* entretient avec *La veille* .

J'ai lu pendant que j'étais prisonnière en Allemagne le roman d'Elinor Glyn, *Trois semaines* , et je me souviens avoir pensé que c'était en son genre le pire roman que j'aie jamais lu. La grande passion est aussi rare que le génie, et il est aussi difficile de rendre la grande passion convaincante dans un roman que de rendre convaincant un génie. Les romans dans lesquels une grande passion a été « surmontée » se comptent sur les doigts d'une main. Mais jamais, à mon avis, aucun roman passionnel n'avait échoué de manière plus lamentable, plus inexcusable que *Trois Semaines* .

Mais comme je l'ai dit, ces choses sont relatives. Pour quelques-uns de mes compagnons de captivité, *Trois Semaines* était une fenêtre ouverte sur les prairies immortelles. Pendant des jours, ils en discutèrent de manière exhaustive, sous tous les points de vue. C'était, en conviennent-ils, une réalisation merveilleuse. Mais ils doutaient de sa morale ; une telle ardeur, pensaient-ils, n'était permise qu'après une cérémonie de mariage ou, étaient-ils prêts à l'admettre, comme un prélude à une cérémonie de mariage. Mais c'était la partie la moins réelle d'entre eux qui doutait. Leurs instincts leur disaient que la grande passion fait ses propres lois. Et finalement ils ont cédé à leur nature profonde.

« Après tout, dirent-ils, ces deux-là étaient différents du reste d'entre nous. C'étaient des personnages merveilleux. Vous ne pouvez pas les juger comme vous jugez les gens ordinaires.

C'est avec de telles paroles que nous acquittons Paolo et Francesca, Antoine et Cléopâtre, Lancelot et Guenièvre. *Trois Semaines* a dit à mes compagnons de captivité ce qu'Antoine *et Cléopâtre* disent à un public cultivé. C'était un point central de leur croyance en la grande passion.

On peut cependant se demander dans quel esprit l'homme profondément ému par Victoria Cross et Elinor Glyn lit des chefs-d'œuvre du récit en prose comme *Une Vie* et *Madame Bovary* et *Mademoiselle de Maupin* . Ils sont reliés dans la même couverture sinistre, imprimés sur le même papier absorbant, et pourtant il est difficile de croire qu'un homme puisse être ému également par ce qui est bon et par ce qui est mauvais. Ne sera-t-il pas plutôt choqué et un peu dégoûté par le détachement et la froide retenue de Maupassant ? « Du truc assez chaud », se dira-t-il à propos d' *Une Vie* , mais il ajoutera « des cochonneries les plus affreuses ». Et il aura honte du livre, et le cachera au fond de sa commode. Une réflexion mélancolique. Peu importe, après tout, que deux mille personnes achètent en trois ans dans un seul magasin un livre un peu idiot, sensuel et sentimental. Mais il est un peu triste que ce n'est qu'ainsi, sous cette forme et dans ce type de magasin, qu'on puisse se procurer en langue anglaise une traduction complète de l'un des plus grands romans du monde, un peu triste que même alors, il ne soit que lu par telle personne et dans tel esprit.

Triste cependant pour l'homme de lettres, pas pour l'avocat du progrès social. Je suis convaincu que ces livres sont aussi totalement inoffensifs que n'importe quel livre susceptible d'encourager les gens à penser par eux-mêmes peut être inoffensif.

Il y a quelques mois est paru un article, je crois, de St John Ervine, affirmant que l'effet sur l'esprit du public de livres comme *La Voie de l'Aigle* , avec ses scènes de brutalité et de domination masculine, était pernicieux. Et certainement ils font une lecture assez mélancolique. Mais que sont-ils, après tout, sinon l'expression de notre éternelle impulsion humaine à être balayée de nos pieds, soumise par une force extérieure et plus forte que nous-mêmes. Et ne trouve-t-on pas assez d'équivalents dans la littérature pour le fouet craquelé et la joue soumise d'une romance d'Ethel Dell ? Des équivalents, mais pas des parallèles ; car le best-seller est écrit pour les femmes, généralement par des femmes. Et c'est par une intelligence masculine que les chefs-d'œuvre de la littérature en prose ont été produits. Un homme, à la recherche d'un tel équivalent, choisirait une expérience dont il serait l'objet et non le sujet. Il n'écrirait pas sur le mâle dominant, mais sur la sirène. "Est-ce que ce sera un baiser ou un coup?" demande le héros de la fiction populaire. Chez Tourgueniev, cette femme qui « quand elle vient vers l'un, semble apporter tout le bonheur de sa vie à notre rencontre », se penche par-dessus une table et tape les ongles d'une main contre ceux de l'autre. « Dis-moi, dis-moi, dit-elle, est-ce vrai, on dit que tu vas te marier ?

C'est à partir de telles réflexions que nous sommes obligés de nous demander à quel point nos efforts pour éduquer le public jusqu'à Shakespeare sont utiles. Nous ne leur donnons qu'un équivalent de ce qu'ils ont déjà. Et l' énergie que nous consacrons si prodigieusement à l'organisation de conférences, de bazars et de théâtres de répertoire pourrait être dépensée de manière bien plus rentable pour nous-mêmes. Je doute que le public d'Ethel Dell trouverait la vie plus remplie, plus ravie, par un échange du *Valet de Diamant* contre *Jude l'Obscur*.

Je soupçonne, en effet, que ces mouvements éducatifs sont inspirés inconsciemment, pour la plupart, par le désir du romancier d'élargir son propre public. « Si seulement, dit-il, un sixième des 60 000 acheteurs de chaque roman d'Ethel Dell pouvaient détourner leur attention vers mon œuvre, certes supérieure, combien ce serait salutaire pour eux et combien charmant ce serait pour moi ! Cela semble assez plaisant, mais ce sont des choses dangereuses, ces révolutions, et elles ont une façon de se retourner contre leurs organisateurs. Dans l'ensemble, je préfère laisser les choses telles qu'elles sont. Ce serait parfaitement délicieux si ce public de 60 000 personnes transférait son affection à mes humbles efforts. Si le public pouvait être éduqué à une large appréciation du roman de tendance, très bien, très admirablement bien. Mais ce discours sur Shakespeare, Fielding et les géants du XVIIIe siècle, franchement, je m'en méfie. Je ne souhaite pas voir le public instruit à ce point. S'il en était ainsi, je comprends que moi-même et bien d'autres personnes méritantes et inoffensives devrions chercher d'autres moyens de subsistance – une procédure qui serait des plus désagréables. Car si le public était capable d'apprécier Fielding et Balzac, ainsi que Smollett et Thomas Hardy, je ne peux pas croire qu'il s'intéresserait beaucoup aux histoires que j'aurais à lui raconter. Je me méfie de ces ligues de promotion de la littérature. Je suis troublé lorsqu'une nouvelle édition de Trollope est mise sur le marché. Mais un contenu profond me consume lorsque j'ouvre mon journal du dimanche et que je vois que les éditeurs du nouveau roman de Miss Dell ont déjà « demandé » une septième impression. Je souris. Les choses sont comme elles ont été. Les anciennes normes demeurent. Et je sens qu'il reste encore quelques personnes que mes éditeurs pourront peut-être persuader de s'intéresser à mes écrits.

IX

J'ai dit que Florence Barclay était l'équivalent de Tourgueniev. Mais j'aurais aimé, il y a onze ans, avoir choisi de lire un écrivain populaire chez lequel je pourrais tracer un parallèle plus étroit, une similitude d'intrigue aussi bien que d'atmosphère. Car il ne serait pas difficile de trouver dans le *Family Herald* des histoires qui, dans leur résumé, semblent ressembler de très près à celles de Tourgueniev. L'intrigue de *On the Eve* ou *A House of Gentlefolk* aurait très bien pu plaire à l'auteur de romans sentimentaux gluants. Dans le type d'histoire qu'écrit Tourgueniev, l'histoire de la mémoire et du regret, la frontière entre l'excellence et la foutaise est très étroite, et seul un sentimental laxiste ou un homme de génie tenterait de la raconter. Le talent serait effrayé par le simple triangle des *Inondations printanières* et de *la Fumée*. Cela semblerait ordinaire, tout comme celui de *Rudin* et *de The House of Gentlefolk*. La femme d'un homme est infidèle. Il la quitte et, avec le temps, la croyant morte, tombe amoureux d'une jeune fille et propose le mariage. Mais sa femme revient et son bonheur est brisé. "Quoi!" dit le romancier professionnel, « ce vieux thème ; celui qui revient du tombeau à la onzième heure et qui bouleverse tout. Mais cela a été fait cent fois. C'est incroyablement *vieux jeu*. En farce, en opéra léger, peut-être, mais en drame sérieux... » L'écrivain de talent doit affronter des situations inhabituelles et difficiles. Il doit trouver de l'originalité dans l'emploi de nouveaux matériaux. Le vaste champ a été labouré trop de fois et a donné trop de récoltes. Il doit rester en jachère pendant un moment.

Je me souviens avoir parlé une fois avec WL George de l'attrait éternel d'une bonne histoire et du fait que la première tâche du romancier était de raconter une histoire. «Peut-être», dit-il, «mais je vais vous raconter une histoire vraie, une histoire universelle, et vous n'oserez pas l'écrire. C'est l'histoire d'Edwin et Angelina. Edwin est employé dans le bureau du père d'Angelina. Il est envoyé à la maison avec des messages pour son employeur et croise Angelina dans le couloir. Leurs regards se croisent et il sait qu'il est amoureux. Quelques jours plus tard, un match de football oppose l'équipe du bureau à celle d'une usine voisine. Edwin remporte le match avec un brillant but de dernière minute, mais ce faisant, il se casse le bras. Angelina regarde le match. Edwin devient son héros. Peu de temps après, ils se retrouvent à nouveau dans la salle. Elle lui pose des questions sur son bras. Ils discutent ensemble et découvrent bientôt qu'ils sont amoureux. Bien sûr, le père d'Angelina refuse d'accepter ce mariage. Il a ses propres projets pour sa fille. Il est interdit aux amants de se rencontrer. Angelina tombe malade. On l'envoie dans le midi de la France ; mais elle empire. Elle est apathique et découragée. Le médecin dit que si on ne lui donne pas intérêt à vivre, elle mourra. Tout cet argent peut lui rapporter. Mais elle devient chaque jour plus mince et plus pâle. Finalement, la mère intervient : « Elle doit voir Edwin. Le père acquiesce tardivement. Les amoureux se retrouvent et le miracle se produit. Le livre se termine par les cloches du mariage. C'est une histoire vraie », a-t-il conclu, « mais vous n'oseriez pas l'écrire. »

J'ai été d'accord. « Seules deux personnes pouvaient l'écrire », ai-je dit. "Tourgueniev ou un marchand de fiction populaire."

Tourgueniev est toujours évident. Il n'emploie aucun des procédés de surprise et d'intérêt suspendu dont dépend l'écrivain de talent pour ses effets. Les eaux du récit de Tourgueniev sont si douces, si claires et rapprochent si près de nous le lit de la rivière que nous réalisons à peine à quel point elles sont profondes. Ce n'est que lorsqu'on voit les erreurs que d'autres commettent avec la technique de Tourgueniev que l'on réalise à quel point il est suprême. Et c'est une technique tellement simple. Le passage de la jeunesse ; le pouvoir décroissant de l'amour; les récompenses de l'âge moyen ; souvenir et regret, et un crépuscule serein qui harmonise et console. C'est de ces choses que parle Tourgueniev, des choses simples, et il en parle simplement, par une technique miraculeusement adéquate et sûre. Un homme d'âge moyen trouve sous deux épaisseurs de coton une petite croix grenat ; trois hommes assis autour d'une table parlent d'amour ; un jeune homme, fiancé et heureux, rentre le soir à son hôtel pour retrouver, dans une chambre au parfum envoûtant d'héliotrope, l'angoisse enfouie d'un amour antérieur. Un homme est assis dans un jardin et se souvient. Cela semble si simple ; et pourtant, dans un travail médiocre, comme les machines grincent. Comme les excuses pour se souvenir deviennent artificielles. Un violon jouant dans un certain restaurant, après de nombreuses années, un air sur lequel le héros dansait quand il était jeune. Un récit qui se termine là où il a commencé, au même endroit, sur la même note, par la même phrase. Ce qui est un modèle chez Tourgueniev devient chez des écrivains de moindre importance une série de procédés.

Et pourtant c'est ainsi que la vie produit toujours ses effets ; parfois avec notre coopération. Nous retournons au bout de certains mois à la salle de bal où nous avons rencontré l'amour pour la première fois, au restaurant où nous avons parlé d'amour pour la première fois, aux bois qui furent l'abri et le paravent de nos premiers amours. Mais dans de tels moments, le décor a été planté avec trop de soin ; le point culminant est fabriqué. Nous connaissons d'avance la nature de l'émotion que nous allons éprouver ; nous le forçons au niveau d'intensité requis. Et c'est une mauvaise technique. Ce n'est que si nous nous tenons à l'écart et laissons la vie raconter notre histoire à notre place que nous arriverons au moment inévitable et non prémédité.

Au début du printemps 1921, j'écrivis le croquis d'un ancien officier ; c'était une tentative d'interprétation de l'esprit de désillusion de l'après-guerre, et j'ai choisi comme sujet un employé d'une grande agence de publicité et je l'ai baptisé Evan Miller.

Il occupait au sein du célèbre établissement de Johnson une position obscure. Il était assis dans une petite pièce avec deux dactylos masculins en haut de trois étages. Il triait les coupures de presse, envoyait le bon exemplaire aux bons journaux, inscrivait les épreuves dans un grand in-folio, vérifiait les bordereaux retournés, fournissait à un commis en chef des listes donnant les tarifs d'espace et les pourcentages accordés aux agents. C'était un travail de routine qui exigeait un esprit ordonné ; cette qualité que possédait Miller, et ses employeurs estimaient sa valeur à trois livres cinq shillings par semaine. Un travail peu passionnant pour celui qui, trois ans plus tôt, commandait une compagnie de fusiliers.

Mais c'était le meilleur qu'il avait pu trouver, et ses amis lui avaient assuré qu'il avait eu une chance remarquable de l'obtenir. Dès la signature de l'armistice, il avait lancé une série d'assauts désespérés contre le War Office ; il s'était présenté tour à tour comme un homme charnière, une autorité éducative, un étudiant universitaire. Il avait même envisagé un recours par sympathie. Finalement, il fut autorisé à transférer sa commission de l'armée régulière à la réserve des officiers, et en avril, il put se promener en homme libre dans Savile Row et toucher soigneusement les échantillons de tweed et de serge du tailleur. De belles journées, sans aucun doute. Il avait un bon équilibre chez Cox ; une grosse gratification lui était due. Pendant deux mois, il s'est amusé. Puis il a commencé à chercher du travail. Il avait vaguement espéré une sorte de poste gouvernemental avec un bon salaire et peu de travail. Mais il découvrit bientôt que Whitehall était plus que plein et que les emplois de la fonction publique à l'étranger allaient aux hommes des universités. Il se sentait perdu dans un monde qui allait si vite et avec un tel détachement de ses intérêts.

Enfin, grâce à l'influence d'un collègue officier, il a obtenu ce poste de publicitaire. « Et beaucoup de chance aussi », lui avait-on dit.

Miller n'a pas apprécié sa fortune. Au début, il avait réussi à se mettre dans un état d'autosatisfaction ; chaque soir, en rentrant du bureau à pied, il s'était rappelé qu'il y a un an, il se tenait dans une tranchée étroite, attendant que le stand, avec la perspective d'une nuit froide, soit passé en patrouille ou en travail. des soirées; tandis que maintenant il retournait à un bon dîner, à un bon feu et, ensuite, à un lit moelleux, ce qui était une tout autre proposition. Et tandis qu'il lisait le journal, il se souvenait agréablement du vent froid qui balayait les collines isolées. Il pensait toujours à la France en rentrant chez lui. « Il y a un an », se disait-il en essayant de reconstituer la scène ; où était-il allé, qu'avait-il fait, qu'avait-il pensé ; il y a seulement douze mois, il appartenait à une vie différente.

Et puis, une fois novembre passé, c'était « il y a deux ans » qu'il se surprenait à dire, car, après l'armistice, il ne lui semblait plus rien de particulier à retenir. « Il y a deux ans » — et il se revoyait dans la boue et le froid de Bullecourt pendant ces semaines sombres sur lesquelles planait la menace de la grande avancée ; des journées étrangement calmes. Il y avait eu de la pluie en janvier, une pluie battante cruelle ; la tranchée principale était recouverte d'un mètre de boue et les hommes y étaient restés coincés pendant des heures. Mais février avait été beau et chaud, avec un soupçon de printemps. Ils venaient de sortir de la file et il avait fait de longues promenades jusqu'à Péronne et Baupaume sous le doux soleil. Il avait été très heureux, et le souvenir de ce bonheur lui causait une inquiétude insidieuse. En revenant du bureau, il se surprit à penser moins à la boue et au froid, à la fatigue et au danger, qu'au confort chaleureux du désordre ; la convivialité de ces longues soirées, où ils étaient assis autour du poêle et ouvraient bouteille après bouteille de porto. Il se souvenait notamment de la nuit dernière, à Ervillers, où l'on avait récupéré une énorme poutre dans une ruine voisine et allumé un énorme feu ; il se rappelait comment ils s'étaient déshabillés devant, et comment la lumière s'était allumée après minuit, et que lorsqu'il s'était réveillé à trois heures, elle brillait encore faiblement. Ils avaient passé de bons moments, et il ne pouvait s'empêcher de les comparer à cette routine sans incident de la maison et du bureau. Rien d'inattendu ne s'est jamais produit. Une soirée de conversation décousue. Lit. Le lendemain matin, le petit déjeuner précipité ; la ruée pour les chaussures, le chapeau et le manteau ; le voyage inconfortable dans le tube, avec les mêmes visages en face de lui, les mêmes visages lourds, taciturnes, mécontents ; et la courge dans l'ascenseur ; la foule de mauvaise humeur et de mauvaises manières ; et ensuite, de 9h30 à 17h30 dans cette petite pièce en haut du troisième étage avec deux dactylographes, avec lesquels il n'avait rien en commun et qui étaient tous deux secrètement un peu contents de voir un ancien officier réduit au même poste qu'eux, il s'asseyait pour ranger les épreuves, vérifier les copies, classer les listes.

De temps en temps, il devait répondre à une demande au téléphone, et c'était la seule excitation de sa journée. Le téléphone l'a toujours fasciné, et chaque fois qu'il entendait sonner la cloche dans la pièce voisine, il posait son stylo et attendait, écoutant le bruit d'une chaise repoussée, d'une porte ouverte et du bref « Monsieur ». Miller, tu es recherché au téléphone. C'était toujours la même chose : une question sur le tarif de l'espace ou la date d'un numéro spécial, mais il ne manquait jamais d'éprouver un frémissement d'excitation lorsqu'il courait dans la pièce voisine et décrochait le combiné.

Rien d'inattendu ne s'est produit ; il n'y avait rien à espérer; chaque jour était exactement comme le précédent ; il ne voyait en effet pas comment quelque chose pourrait arriver maintenant. Il restera dans ce poste pour le reste de sa vie. A terme, il pourrait devenir chef de service. A quarante ans, il aurait peut-être un salaire assez important pour pouvoir songer au mariage. Quarante! Combien de fois avaient-ils convenu, dans le désordre, que l'amour était le privilège des jeunes. D'après ce qu'il pouvait voir, tout le monde était dans le même bateau. Il allait de temps en temps au long bar du Troc : spectacle mélancolique. En 1917, il était rempli de jeunes officiers, enthousiastes, enjoués, en permission chez eux, la solde en poche et dans le cœur une détermination téméraire à tirer le meilleur parti du peu de temps qui leur restait. Les mêmes types étaient là maintenant, des jeunes hommes en mufti, penchés par-dessus le bar, sirotant leurs cocktails, levant leurs verres vers la lumière, échangeant leurs « cheeriohs ». Mais la légèreté les avait quittés ; leurs visages étaient marqués par un mécontentement maussade ; ils se levaient et parlaient ensemble de la France et de leurs expériences là-bas. Les souvenirs désagréables avaient été effacés. Déjà, ils l'avaient oublié. Ils étaient malheureux dans le présent ; ils se souvenaient qu'ils avaient été heureux dans le passé.

Et, avec une vague nostalgie, Miller comprit qu'en France, malgré le danger et l'inconfort, il y avait toujours quelque chose à espérer. Il y avait eu le courrier, un soulagement, la prise d'un nouveau bout de ligne, un changement continuel, et il y avait eu des congés, comme cela avait été merveilleux de compter les jours jusqu'à son congé, de se dire : « dans vingt-trois jours, je serai à Londres » ; il n'y avait plus rien de tel maintenant. Et la paix : combien de fois il en avait parlé, de tout ce qu'il ferait, *après la guerre* ; l'avenir lui avait alors semblé illimité en opportunités. Il avait attendu avec une confiance heureuse les jours de travail routinier et tranquille. Il n'avait rien demandé de plus : la reprise des voies ordonnées.

Il se rappelait aussi dans quel esprit il avait lu, trois ans plus tôt, un roman de Zola intitulé *Le Sol*. Il en avait vu un exemplaire à la librairie des chemins de fer de Boulogne avec « Suppressed English Edition » imprimé en lettres noires épaisses sur la couverture jaune. Il revenait de congé et il avait espéré que le livre l'aiderait à passer agréablement le long voyage jusqu'à Baupaume. Mais il l'avait trouvé lourd même dans son obscénité, et il l'avait écarté pour la suggestion légère de *Fantasia* et *du Rire*. Mais plus tard, pendant les nuits d'éveil dans un poste solitaire, il était retourné, faute d'autre chose à lire, vers Zola, et il avait vite constaté, à sa grande surprise, qu'au lieu de tourner rapidement les pages avec des doigts lascifs à la recherche de Du passage parfumé, il lisait attentivement le livre, mot à mot, le laissant défiler lentement devant ses yeux – un spectacle sauvage de la vie humaine captive du sol, d'hommes et de femmes dont les actions et les désirs étaient contrôlés par leur allégeance à elle, et de ce ferment féroce de tromperie, d'avidité, de mensonge, d'impudence que le sol a tourné à sa manière pour son propre usage.

Il lui avait pourtant semblé étrange que Jean, un vieux soldat, soit prêt, même après tant d'adversité, à rejoindre l'armée. C'était facile à oublier ; la mémoire, soucieuse des proportions générales d'un tableau, sélectionnait ce qu'elle choisissait ; Miller le savait, mais quelqu'un, s'était-il demandé, pouvait-il oublier la fatigue d'une longue marche, le froid de la tombée de la nuit en plein air, le chagrin de la séparation, les champs de sang et de douleur. Et, posant le livre sur la table, il s'était dirigé vers le haut de son perron et avait contemplé la longue étendue de pays mutilé. Lui-même, il n'a jamais pu l'oublier.

Mais cela s'était passé trois ans plus tôt, sous le scintillement d'une lampe Verey, à portée de canon. Et maintenant, assis à un bureau avec une pile de coupures de presse devant lui et le bruit des machines à écrire qui lui frappaient l'oreille, il se sentait prêt à accueillir n'importe quel changement, aussi violent soit-il. Si seulement quelque chose arrivait. Ce soir-là, alors qu'il descendait Kingsway jusqu'à la gare de Holborn, les vendeurs de journaux criaient la nouvelle d'une autre guerre ; sur les pancartes, une énorme note interrogative suivait le mot Berlin. Était-ce alors à recommencer, le bruit, la cruauté, le carnage ? Pendant un instant, une image de Passendael passa devant ses yeux telle qu'il l'avait vue pour la dernière fois sous les pluies d'octobre, les morts penchés sur les lèvres des trous d'obus. Puis ses pensées revinrent au présent et à son problème le plus urgent, la monotonie de la routine ; les machines à écrire ; les preuves ; la copie. « Les alliés marchent sur Berlin ! Papier! Ultimatum à l'Allemagne ! Papier!" Les mots furent lancés dans l'air doux du printemps et le son flotta inconsidérément sur Kingsway au-dessus des têtes des ouvriers, vieux et jeunes, qui se précipitaient vers leurs maisons, avec des visages marqués par des lignes dures de ressentiment sourd et maussade. « Début d'une nouvelle guerre ! Papier!" Si seulement quelque chose de nouveau arrivait. « Ultimatum à l'Allemagne ! Papier! Alliés – Berlin – Papier ! Et Evan Miller, au fond de son cœur, espérait que c'était vrai.

C'est l'histoire telle que je l'ai écrite. Mais la vie, à partir de son vaste répertoire, peut produire toujours quand elle le souhaite, un point culminant bien plus complet que n'importe lequel de nos artifices. Parfois, impatient de nos tâtonnements, il nous prend la plume et écrit.

Trois semaines plus tard, un conflit commercial rapprochait l'Angleterre de la révolution plus qu'elle ne l'avait été depuis cent ans. La réserve régulière a été rappelée sous les couleurs et Evan Miller s'est retrouvé à Shorncliffe rapportant à la salle des rapports son existence et son manque d'importance ; curieusement facile, il découvrirait la réadoption, après une absence de deux ans, des formalités de la vie militaire ; Il est curieux aussi de voir à quel point, après le caractère occasionnel des combats en ville, la routine fixe du terrain de parade et du mess est devenue stabilisante. Mais ce serait personnel et accidentel. La signification, la signification universelle de ces six semaines de retour à l'uniforme résiderait dans la découverte fortuite dans la poche d'une vieille tunique d'un morceau de papier, déposé là précipitamment et oublié, deux ans auparavant. Il n'y aurait rien de romantique dans ce morceau de papier. Une note du bataillon datée du 17 février 1919. « Veuillez noter », disait-il, « que vous avez été déclaré apte au service actif par la commission médicale de Douvres, le 3 décembre 1918. » Assez formel : pour n'importe qui sauf lui-même, assez dénué de sens. Le genre de chose dont une pirogue aurait été rapidement encombrée s'il n'avait pas possédé un domestique. Mais sa découverte serait, pour lui, ce moment inévitable, imprévu, que vise et si rarement atteint tout conteur. Il se tenait au centre de la pièce, le morceau de papier à la main, et devant ses yeux et devant son cerveau, les détails des circonstances dans lesquelles il l'avait vu pour la dernière fois.

Au début du printemps 1919, quelques mois de congé avaient été accordés à tous les officiers réguliers, et un très grand nombre d'entre eux avaient profité de ce congé pour déposer leur demande de transfert dans la réserve des officiers. C'est le dernier matin avant son congé qu'il avait trouvé ce mémo qui l'attendait dans l'antichambre. du bataillon corrigeant une erreur qu'il avait commise dans sa demande de permission. Il avait ri gaiement, avec assurance. Ils pourraient envoyer leurs mémos. s'ils aimaient, s'était-il dit. Demain, il serait à Londres, et si, pendant deux mois, il ne parvenait à aucun compromis avec les mandarins de Whitehall, il n'avait pas le droit de se qualifier de soldat. Et il repoussa le billet dans sa poche.

Le souvenir retrouvé de ce geste de confiance insouciante serait un miroir dans lequel il pourrait voir se refléter la signification de ces deux dernières années. Il se verrait deux ans plus tôt, avide et exubérant, las de la vie militaire, anxieux du retour à la liberté, fièrement assuré de sa capacité à dompter l'avenir. Il se souviendrait que sa seule idée à l'époque avait été de quitter le camp en toute hâte. Pour passer onze heures en ville, il avait pris un train à cinq heures en provenance de Grantham le dimanche matin et ne s'était recouché qu'à trois heures. Le voyage lui avait coûté vingt-sept shillings. Sa première question en rejoignant une nouvelle unité avait été : « Quelles chances de congé ? Peu importe la distance de la ville, la durée, le coût et l'inconfort du voyage, il était prêt à le faire : n'importe quoi pour retourner à la vie civile. Et il se verrait maintenant, au lendemain de la tourmente, indifférent, passif, bêtement satisfait. Il n'avait guère réfléchi à la question du congé. Il lui en coûterait plus d'une livre pour se rendre en ville ; ça n'en valait pas la peine. Il n'aurait que très peu de choses à faire une fois sur place. Un théâtre, une danse, un dîner. C'était dans l'ensemble plus agréable de s'asseoir et de lire *Blackwood* dans le mess, de jouer au bridge et de traverser les falaises jusqu'à Folkestone. Il n'avait rien de particulier à faire. Il se portait assez bien là où il était. L'ancienne joie de vivre avait disparu, lui ayant été arrachée par deux années de frustration, de déception et d'efforts déjoués. Et il s'en rendrait compte par la découverte d'un mémo froissé, une chose intrinsèquement sans valeur, mais le point central, le point de ralliement de bien des circonstances difficiles.

Et c'est ainsi, en effet, que, au moins pour des milliers d'individus, fut pleinement et amèrement révélée la signification de cette période d'après-guerre, de ces années traîtres et trompeuses qui avaient si courageusement scintillé à l'horizon, qui avaient semblé si chaleureuse et hospitalière, qui avait tant promis et si peu apporté.

1919 a été l'année de la désillusion, non seulement d'une désillusion politique, de dégoût face à la foi brisée, aux promesses oubliées et aux trahisons personnelles, mais d'un désenchantement plus profond et plus subtil, d'un sens éveillé de la tromperie de la vie.

Nous sommes revenus des tranchées, du camp de prisonniers, du terrain de parade, radieux, incroyablement confiants. Nous attendions depuis si longtemps la paix. Il y a eu des moments où nous pensions à peine que cela arriverait, certainement pas à nous. C'était comme la cité céleste : une perspective éblouissante et lointaine. Nous en étions venus à le considérer comme une taverne où nous devions nous reposer après notre voyage ; un grand feu flamberait dans la cheminée, des barons de bœuf seraient placés devant nous, mon hôte rapporterait de sa cave son plus riche chambertin. Mais nous avions à peine défini les circonstances de notre rêve. Nous l'avons vu avec la vision exacerbée des nerfs tendus et fatigués comme une terre d'enchantement sans limites. Et, quand la paix est revenue, nous nous sommes installés et avons attendu que les bonnes choses nous soient présentées. Et, bien sûr, ils ne nous ont pas été présentés. Et nous n'avions pas la vitalité nécessaire pour les aller chercher nous-mêmes ; nous étions fatigués, non pas de l'épuisement qui suit un dur labeur d'une journée, dont nous réveillons après le sommeil les plus en forme, mais de l'épuisement de la dissipation, d'une nuit blanche. Pendant trop longtemps, nous avons été orientés trop haut. La pression avait été maintenue par l'ivresse des conditions de guerre. Nous étions comme des toupies qui ne sont des modèles d'aplomb et d'équilibre que tant qu'elles conservent l'intensité de leur vitesse. La stimulation, l'incitation avaient été supprimées soudainement. Nous étions faibles comme un drogué privé de morphine ; nous sommes devenus apathiques, sans vie, indifférents.

Nous avons été décrits comme une génération qui a jeté l'éponge ; et les vieillards se plaignent de nous dans leurs clubs. « Aucun sens social », disent-ils. « Une génération qui ne pense à rien d'autre qu'au tennis et à la danse. Pauvre truc ! Peut-être : peut-être sommes-nous la graine jetée sur un sol pierreux, qui a germé rapidement, sans racine en elle-même ni nourriture. Il se peut que le soleil brûlant nous ait brûlés et flétris. C'est possible. Mais les

Victoriens se sont livrés à une telle orgie d'autosatisfaction. Ils proclamaient si haut qu'ils quittaient le monde meilleur qu'ils ne l'avaient trouvé : et nous savons quel genre d'héritage ils nous ont légué. Il peut être pardonné en nous, je pense, de notre indifférence à l'égard de la politique et des droits et des torts des petites nations.

Et pourtant, il y a quatre ans, nous sommes tous revenus à la vie avec une sorte d'idéal de citoyenneté ; nous étions conscients de notre responsabilité envers l'avenir. « Nous ferions en sorte qu'il soit impossible, disions-nous, qu'il y ait à nouveau une guerre. » Nous avions terriblement hâte de faire quelque chose, mais il ne nous semblait rien de particulier à faire. Ceux d'entre nous qui ont écrit n'auraient peut-être pas eu de difficulté à vendre leurs plumes dans l'arène de la politique partisane. Il y avait beaucoup de gens prêts à nous exploiter. Mais ce n'était pas ce que nous souhaitions.

Pendant la guerre, beaucoup d'entre nous en étaient venus à considérer le parti travailliste comme une sorte de bonne fée. Le parti travailliste était le seul parti à avoir inclus dans son programme une politique d'évitement impitoyable de la guerre. Et, de même que l'homme qui a faim ne peut penser qu'à la nourriture, de même, en 1917, il nous semblait que la seule chose qui comptait était d'éviter la guerre. On attendait de grandes choses du *Daily Herald*. Mais bien avant la fin de 1919, on s'était rendu compte qu'aucune production plus belliqueuse n'avait jamais été présentée en grande quantité au public. Elle avait substitué une forme de guerre à une autre. Les nations ne devaient pas se battre, mais les classes, oui. Le prolétariat du monde entier, à l'exception peut-être des Français, devait chevaucher triomphalement les restes mutilés des riches oisifs et suceurs de sang. Ce devait être une guerre à mort. Des prix ont été offerts pour le meilleur slogan. Le peuple qui avait réclamé en 1916 un arbitrage et un compromis entre les exigences de l'Allemagne et celles des Alliés n'a pas voulu écouter l'arbitrage et le compromis lorsque le Tynesider a exigé un shilling supplémentaire par jour de son employeur. Le *Herald* est devenu le champion de tous les conflits commerciaux, et certains d'entre nous ont commencé à s'interroger. Cette paix internationale, nous sommes-nous demandés, valait-elle la peine d'être achetée à un tel prix ? S'il s'agissait d'un combat, préférerions-nous combattre aux côtés des navvies et des laboureurs anglais contre les navvies et les laboureurs d'Allemagne et de Russie ; ou préférerions-nous combattre aux côtés des laboureurs anglais, russes, français, belges, allemands et suédois contre les aristocrates russes, anglais, français, allemands et suédois, ou *vice versa* ? De deux guerres, laquelle fut la moins pernicieuse ? Et nous avons commencé à penser que la classe sociale est une habitude qui peut être changée en une demi-génération ; un homme qui est vendeur de journaux à dix-sept ans peut être baronnet à cinquante ans et vicomte à soixante-dix ans ; mais la race est un arbre planté profondément dans un sol ferme. Nous pouvons changer de classe aussi facilement que nous pouvons changer de vêtements ; mais le sang anglais est du sang anglais dans la fosse, à Mayfair, dans les comtés ; et nous ne devrions avoir aucune sympathie pour ce parti qui s'efforçait de diviser un peuple contre lui-même.

En effet, nous en avions assez de la politique des partis : nous recherchions une sorte de ligue de coopération internationale de la jeunesse européenne, qui aurait le droit de diriger nos destinées. « Cela avait été notre guerre, disions-nous, cela allait être notre paix. » Cela semble insensé aujourd'hui, sans doute, à cette date lointaine, mais nous y croyions alors ; nous étions sincères dans notre désir. Ils nous ont proposé « La Ligue de la Jeunesse ».

Ce fut un événement magnifique que ce banquet inaugural aux Connaught Rooms. Le vicomte Bryce et Sir Oliver Lodge étaient les principaux orateurs, autant que je me souvienne. Et un certain nombre d'autres personnes très vénérables se décrivaient, comme le vieux monsieur de l'histoire, comme n'étant pas plus âgées qu'elles ne le pensaient. Je ne pense pas qu'il y ait à la table haute trois personnes de moins de trente ans. Et les buts et les objectifs de la Ligue ont ensuite été exposés dans la presse quotidienne dans un article intitulé avec une précision louable, mais avec une singulière absence d'autocritique, « L'ère de la jeunesse ». Mais nous avions quand même de l'espoir. Je me suis retrouvé vice-président du comité d'éducation. Une réunion du comité à laquelle j'ai assisté. C'était mon dernier.

Nous nous sommes réunis pour discuter de la réforme des écoles publiques. Nous étions huit. Quatre d'entre elles étaient des filles, de la variété Girton-Newnham-1917 Club. L'autre moitié était composée d'un maître d'école secondaire, d'un journaliste, d'un impondérable jeune Écossais et de moi-même. Le maître d'école était le président. Il connaissait bien l' aspect pratique du métier et était donc quelque peu sceptique. Il a ouvert les débats par un discours fade et très évasif sur « l'exploitation des activités de la jeunesse », ce qui était très joyeux mais ne nous a guère apporté de « réconfort ». Le journaliste, qui était en quelque sorte secrétaire de l'affaire, lut alors des lettres de personnes assez prévoyantes pour décliner l'honneur de coopérer. Puis l'Écossais a commencé ses manches : ce fut une bonne manche venteuse, du genre Walter Brearley-Tom Wass ; vigoureux, mais avec la batte rarement connectée au ballon. Son idée était de rédiger des manifestes, de circulariser les directeurs et d'ouvrir une campagne de presse sur le refus de la coopération. J'ai suggéré que les directeurs étaient des hommes occupés, qu'ils avaient des secrétaires et des corbeilles à papier, et qu'une campagne de presse sur ce qui serait par conséquent le monde éducatif tout entier serait une entreprise courageuse, mais peu rentable. Cela a perturbé les Écossais.

« Alors, m'a-t-il demandé, qu'allons-nous faire ?

"C'est ce que je suis venu ici cet après-midi pour apprendre", dis-je.

Il émit un grognement de dégoût. "Mais nous devons faire quelque chose."
Et pour la première fois, l'une des quatre clapets parla : « Nous devons, dit-
elle, justifier notre existence. »

C'est un peu ce que nous étions en 1919 : un certain nombre de personnes
se promenant avec les poches pleines de pierres, se demandant quelle vitre
briser. Finalement, nous avons trouvé que les pierres pesaient assez
lourdement et nous faisaient mal aux cuisses et abîmaient nos vêtements, et
nous les avons laissées tomber sur le trottoir. Il est assez facile d'élaborer des
projets de fraternité internationale lorsque le gouvernement vous nourrit,
vous nourrit, vous habille et vous donne quelque vingt-cinq livres d'argent de
poche par mois. C'est moins facile quand il faut gagner sa propre vie. Les
questions de politique internationale semblaient moins importantes lorsque
le courrier du matin apportait un formulaire jaune avec des lettres écarlates
en haut : « Troisième et dernière candidature ». Pendant la guerre, nos
responsabilités ont été celles de plusieurs millions d'autres personnes. En
1919, nous sommes entrés dans la vitrine de notre vie privée. Nous avons
repris l'habitude de nos propres ennuis et de nos propres problèmes ; nous
sommes redevenus ce que Gilbert Frankau décrit comme le « mâle possessif
et prédateur ».

X

MAIS je doute que, même s'il y avait eu quelque emploi, cet enthousiasme particulier aurait survécu très longtemps au retour aux conditions de paix. Nous n'avions de sympathie pour les communistes que parce que leurs opinions sur la guerre correspondaient aux nôtres. Nous aurions vite dû nous rendre compte de l'ampleur de la divergence entre leurs intérêts et les nôtres. Car le communisme est, du moins me semble-t-il, une sorte de police d'assurance souscrite par le travailleur routinier contre le créateur. L'ouvrier de routine, l'homme qui enfonce des clous dans les semelles de ses bottes, qui additionne des colonnes de chiffres dans un grand livre, qui pousse un chariot sur une pente, qui fait assez bien ce que quelque cinquante mille autres personnes pourraient faire aussi bien si elles le faisaient. ils l'ont ainsi choisi, c'est se protéger contre l'ingéniosité qui invente une machine qui remplacera vingt personnes comme lui. Il joue pour la sécurité. Il entre dans une entreprise comme garçon de bureau ; lèche le dos des timbres; il entre dans le comptoir et s'assoit sur un haut tabouret. Il ne fait aucune tache dans ses grands livres et met les bonnes factures dans les bonnes enveloppes. Il se voit attribuer une chambre et devient manager junior. À quarante-cinq ans, il touche un salaire de 450 £ par an. À l'âge de soixante-six ans, il reçoit une pension en échange de ses bons et loyaux services. Il connaît ses limites. Il accepte et exécute les commandes. De lui-même, il ne produit rien. Il sait que n'importe qui d'autre pourrait faire son travail aussi bien que lui. Il conserve sa position grâce à son assiduité et sa ponctualité. Il fait appel à l'humanité de ses réalisateurs. Il espère qu'avec le temps, il occupera dans son entreprise le même poste que celui de majordome dans un établissement baronnial. Il a résisté à de nombreuses tempêtes. Il est devenu une institution. Mais parce qu'il connaît ses limites, il a peur, peur des ravages du business créatif, des fusions d'une entreprise avec une autre, de la nature dure et déterminée du sang jeune, de l'introduction de nouvelles idées. Il sait qu'à partir d'un certain âge, il n'a plus de valeur sur le marché libre. Il limiterait ainsi la portée de l'entreprise privée. Il empêcherait les grands hommes de lancer des projets dont l'échec entraînerait des milliers de personnes dans un désastre. L'État doit encadrer et garantir les grandes entreprises. Il doit contrôler les moyens de subsistance précaires. Ce n'est pas l'envie des riches qui pousse les travailleurs routiniers au communisme. Tant qu'il reçoit un salaire adéquat et stable, il ne se soucie pas de l'argent que son employeur gagne ou perd. Mais il sait que tant qu'il y aura de grandes entreprises, aussi longtemps que les tigres chasseront et seront chassés dans la haute jungle de la finance, aussi longtemps les marchés connaîtront des hausses et des baisses, et aussi longtemps qu'il y aura des crises, des krachs et des réductions d'effectifs et de salaires. ; aussi longtemps que la loi de l'offre et de la demande fonctionnera. Le communisme est l'armure des faibles contre les aventureux ; de la sécurité contre l'audace.

Et l'artiste, plus peut-être que quiconque, est le soldat de la fortune.

Il n'a d'autre armure que ses talents et sa confiance. Il fait ses propres conditions avec la vie. Il se tient sur le marché libre. Et il se tiendra là, quel que soit le parti au pouvoir, quels que soient les changements susceptibles de modifier la surface et les circonstances de la vie. Il appartient à cette communauté qui était autrefois désignée « comme des coquins et des vagabonds ». Il est de la bâtardise de Feste et Touchstone.

Nous sommes des artistes : nous qui peignons des tableaux, racontons des histoires ou mettons en scène l'histoire. Et si nous vous amusons, vous nous payez bien ; et si nous échouons, vous cherchez une diversion ailleurs. Il y a six cents ans, les ménestrels et les joueurs ambulants venaient la nuit dans la grande salle de banquet et, devant le feu bondissant, racontaient leurs histoires, jouaient leur pièce et chantaient leur chanson. Et s'ils faisaient plaisir, il y avait de la bonne nourriture et du bon vin, un toit au-dessus d'eux et de l'or dans leur bourse pour le voyage du lendemain. Et s'ils ne parvenaient pas à plaire, il y avait des coups, des malédictions et une nuit de pluie. Aujourd'hui, un roman est imprimé sur papier, relié en toile et dispersé sur trois continents. Il y a des annonces à double colonne dans les journaux du dimanche ; il y a des paragraphes, des critiques et des déjeuners. Il y a des agents, des redevances et des contrats. L'écriture d'une histoire est un métier qui fournit un emploi à plusieurs milliers de personnes. Mais ce n'est que la surface de la vie qui change, le principe est le même. Un homme raconte une histoire : hommes et femmes réagissent à son humour, ou à son pathétique, ou à sa beauté. Ils paient cher leur divertissement. Mais dès que le conteur cesse d'amuser, il est abandonné. Certains écrivains se considèrent volontiers comme des prophètes et des réformateurs et s'opposent à la stigmatisation sociale de leur profession. Mais parce qu'ils sont des marchands de paroles dures, ils n'en sont pas moins des amuseurs. Les gens aiment être maltraités de temps en temps. Il est agréable de s'asseoir après un bon dîner devant un feu allumé, avec une carafe de whisky à la main, et de lire l'annonce du renversement prochain d'Israël. Le sentiment de danger titille le palais blasé. Les gens ne souhaitent pas toujours être enveloppés dans du coton ; ils aiment avoir peur, être « Grand Guignoled » de temps en temps. Se faire dire que leurs péchés sont d'une telle noirceur leur donne un agréable sentiment de leur propre importance. C'est une sensation qui vaut la peine d'être achetée.

Il ne serait guère, à mon avis, trop fantaisiste de faire un parallèle entre l'artiste et la courtisane. La vraie courtisane, je veux dire ; pas les pauvres gens qui marchent péniblement la nuit sur Shaftesbury Avenue. On pense aux «

Skittles » qui descendaient Hyde Park dans les années soixante pour tenir une digue près de la statue d'Achille ; Des « Skittles » qui ont brisé les cœurs, les foyers et les fortunes ; Skittles qui a survécu à ses amis, à sa beauté et à sa génération pour mourir il y a trois ans sans se souvenir. Il y a plus qu'une légère ressemblance entre la vie d'un tel homme et celle de l'artiste. Comme elle, il n'a aucun statut social ; comme elle, il est acheté, utilisé et jeté. Il plaît comme elle veut, pendant un moment, par la fraîcheur, la vitalité et la nouveauté ; et ceux qui ont eu leur divertissement ne ressentent aucun sentiment d'obligation. Aussi longtemps qu'il le veut, il a toute latitude pour bafouer les conventions avec lesquelles la société a jugé sage de se protéger. La société sait qu'il n'est pas des ses et elle peut se permettre d'attendre. Tout est pardonné à un « tempérament artistique » pour autant que ce tempérament soit la propriété d'un amuseur habile. L'artiste peut faire ce qu'il veut de sa vie privée. Il peut refuser d'être accepté sans sa maîtresse : et, dans l'ensemble, le public préfère que son amuseur ne soit pas domestiqué comme lui. Un romancier populaire, qui avait rédigé un feuilleton dans un journal du dimanche, a été invité à fournir une photographie au rédacteur en chef. Il a envoyé une agréable photo de lui-même, dans son jardin, avec sa femme et ses enfants. Le cliché a été renvoyé. "Nos lecteurs", a déclaré l'éditeur, "préféreraient ne pas vous considérer comme un homme marié."

La même licence est accordée à la courtisane, pourvu qu'elle soit belle. Elle peut, si elle le souhaite, se montrer impolie envers les hommes qui lui demandent de danser. Elle peut se moquer d'eux en public. Elle se déchaîne dans la vie dans la fierté de sa jeunesse ; elle peut choisir. Son charme et sa beauté sont son capital. Elle fait un marché avec le monde de la routine et de la richesse, le monde qui vend du coton et construit des empires, le monde industrieux et infatigable qui demande à s'amuser pendant son temps libre. À celui-là, le monde dit : « Voici deux images. Fais ton choix. Tu peux rester toute ta vie une fille de banlieue. Vous irez aux bals d'abonnement et vous ferez embrasser furtivement au passage par des jeunes hommes malicieux et trop habillés, qui se vanteront auprès de leurs compagnons de votre reddition. Vous choisirez l'un d'eux pour vous emmener au cinéma et, en guise de paiement, vous lui permettrez de vous tenir la main. Et vous finirez par vous fiancer à l'un de ces jeunes hommes. Vous êtes peut-être très amoureux de lui ou vous cherchez peut-être à vous évader de l'environnement peu agréable de votre maison. Mais dans les deux cas, le résultat au bout de trois ans sera le même. L'oiseau bleu s'est envolé. Vous serez mère et femme au foyer. Vous vous serez habitué à la routine du mariage de banlieue. Votre mari ne sera plus satisfait de votre compagnie le soir. Il amènera avec lui ses amis ennuyeux qui étaient autrefois vos partenaires de danse, ces amis ennuyeux devenus plus intelligents et plus doux avec les années. Et vous serez assis à coudre dans un coin pendant qu'ils discuteront de la situation politique et de la dernière affaire de meurtre. Il n'y aura pas beaucoup d'argent. Vous serez habillé, pas habillé. Votre joliesse passera bientôt, car vous ne parviendrez pas à lui donner le bon écrin de georgette et de crêpe de Chine. Et vous contemplerez avec envie les vitrines gays d'Oxford Circus. Avant l'âge de trente ans, avant qu'un de vos cheveux ne devienne gris, votre vie personnelle prendra fin. Et tu n'auras jamais vécu. Vous serez en sécurité, c'est tout. Il y aura de la nourriture à manger, un feu devant lequel s'asseoir, un toit au-dessus de vous lorsque vous arriverez aux heures de déclin de l'âge.

« Et c'est ce que nous vous apportons en échange. Nous vous offrons la possibilité de vivre pleinement les meilleures années de votre vie, de dix-huit à trente-trois ans. Vous danserez soir après soir au Savoy. Poiret dessinera vos robes ; vous traverserez les rues de Londres dans le confort profond d'un Daimler ; vous rencontrerez des hommes du monde, des hommes brillants et intéressants : des avocats, des financiers, des médecins, des artistes. Vous vivrez une romance. Vous aimerez profondément, vous souffrirez profondément. Vous passerez de l'extrême du bonheur à l'extrême de la douleur. Vous n'aimerez pas plus longtemps qu'il ne plaît à l'amour. Vous serez le pendule oscillant. Vous ne vous reposerez jamais. Vous vous réaliserez.

"Et après?"

Le monde hausse les épaules.

«C'est ce qui vous préoccupe», dit-il. Vous avez vécu ces années. Cela dépend si vous êtes intelligent et clairvoyant. Vous pouvez économiser beaucoup d'argent ; vous pouvez vous marier ; vous pourriez devenir une douairière respectable. Ou bien, grâce à votre connexion, vous pourrez ouvrir, de manière très rentable pour vous, un établissement de manucure. Mais c'est votre affaire. Si vous gaspillez et êtes imprévoyant, la vie peut être très difficile pour vous. Cela, nous le répétons, ne fait pas partie de notre accord. Nous vous offrons ces quinze années.

Et cette offre est-elle si différente de celle que le monde fait à l'artiste ? « Vous avez du talent », dit le monde. « Nous avons trouvé votre premier livre très divertissant. Nous sommes heureux que vous nous amusiez un moment si vous le souhaitez. Et les alternatives sont-elles si différentes ? L'avenir ne présente pas une menace moins sombre pour le romancier. Il sait que tôt ou tard il se surpassera, que le public se lassera de ses tours, qu'il cessera d'être original et réclamera quelque chose de nouveau. S'il a économisé de l'argent au cours de ses jours de fortune, ou s'il a réussi à s'établir dans une entreprise commerciale solide, dans un fauteuil de rédacteur ou au conseil d'administration d'une maison d'édition, tant mieux. Mais dans le cas contraire, s'il n'a pas économisé et est à bout de ressources, il est poussé à l'équivalent de la triste marche d'une courtisane dans Jermyn Street et

Piccadilly pour pirater le journalisme mal payé dans les colonnes de la presse provinciale. Et l'artiste se voit offrir en échange le même salaire. On lui offre la possibilité de vivre pleinement les plus belles années de sa vie. Il a de l'argent, il est connu. Il n'est pas limité, comme ses contemporains, par les heures de bureau. Il est libre de faire ce qu'il veut, d'aller où il veut, de faire l'amour où il veut.

On a beaucoup écrit sur les amours des poètes, des romanciers et des acteurs. Ils ont gagné une publicité bien au-delà de la portée, peut-être aussi du désir du financier. Et l'artiste a toujours eu tendance à attribuer les dimensions de sa réussite à son magnétisme personnel, à sa puissance de finesse et d'intuition. Mais il serait plus modeste, certainement plus généreux, de sa part de rendre sa gratitude pour les occasions sans précédent de bravoure que lui offrent les circonstances de sa vie. Loin de moi l'idée de dénigrer de quelque manière que ce soit les progrès triomphaux de certaines personnes distinguées et notoires. Je voudrais simplement souligner les désavantages dans lesquels leurs rivaux moins doués mènent leurs opérations.

Considérez la position de l'homme de la ville. Sa routine quotidienne est une question de culture générale. Pour pouvoir exercer son activité, un grand nombre de personnes doivent savoir où il se trouve à un moment donné. Sa secrétaire devrait même savoir où il déjeune. Si le téléphone peut être, et il est sans doute, d'une aide considérable pour l'heureuse mise en scène d'une intrigue, il n'en est pas moins utile pour la découvrir. Si une femme appelle son mari dans l'après-midi et le trouve absent, elle commence à s'interroger. Elle sait aussi à quelle heure il quitte son bureau le soir. S'il n'est pas à la maison une demi-heure plus tard, son étonnement augmente. Il doit soit recourir à un déjeuner dans un *cabinet particulier* , soit manœuvrer avec des tromperies sans fin un week-end, ou un voyage d'affaires à Leeds. Chaque mission doit être soigneusement organisée. Il y a peu de place pour le moment soudain et imprévu. C'est aussi fabriqué à la machine que les bas qu'il manipule.

Mais s'il est difficile de mener une intrigue, il doit être infiniment plus difficile d'en démarrer une. Même aujourd'hui, la majorité des femmes bénéficient d'une sorte de protection masculine ; il y a soit un mari, soit un père, soit un fiancé, soit « un oncle ». Et c'est aux seules heures où il est lui-même libre que la protection masculine est à l'œuvre, ce que le romancier réaliste a l'habitude de négliger. On se demande parfois comment ont commencé ces affaires dont on lit un jour sur deux dans les journaux du soir. Au hasard, peut-être. Chambres attenantes au fond du passage dans une maison de campagne. Un mari détenu en ville : une occasion soudaine saisie avec empressement — le genre de chose pourtant qui arrive plus fréquemment dans la littérature que dans la vie. Ce n'est certainement pas un accident dans l'espoir duquel un Casanova consciencieux serait prêt à retarder l'action. Soit cela, soit une proposition purement commerciale. Un déjeuner au Carlton Grill, et, en échange de la liqueur, l'offre d'un appartement et de cinq cents livres par an. Paul Bourget aurait fait remarquer que les seules personnes qui méritaient d'être évoquées étaient celles qui avaient de gros revenus ; parce que seules les personnes sans emploi étaient capables de se développer naturellement, ce qui semble assez stupide ; mais comme l'adultère est le fond invariable de la fiction latine, c'est peut-être à une telle situation difficile que Bourget avait en tête.

Assez souvent, en effet, la vie amoureuse d'un homme est pour le romancier un spectacle de contemplation mélancolique. Dans les années qui devraient regorger de baisers, il n'a ni l'argent ni le loisir de faire beaucoup d'amour. Il est économiquement et temporellement dépendant. Il se livre à des flirts occasionnels qu'il n'ose pas poursuivre, estimant qu'il est injuste de faire l'amour avec une fille honnête s'il n'est pas en mesure de lui proposer le mariage. Parfois, il achète du plaisir dans un appartement du quatrième étage de Piccadilly et se sent plutôt « un chien ». Il se marie à trente-quatre ans et les trois prochaines années seront les plus vitales, les plus personnelles qu'il connaîtra jamais. L'enlèvement passe; et après avoir bu , il buvait encore. Il commence à semer sa folle avoine ; il faut semer la folle avoine à un moment donné de la vie d'un homme, et le troc occasionnel de sensations n'a aucune signification. Mais lorsqu'un homme atteint l'âge de trente-sept ans, il en sait trop et a trop vu pour devenir le coureur de jupons enjoué qu'il aurait pu être au début de la vingtaine. Une écrivaine – je crois qu'il s'agissait de Rebecca West – a écrit quelque part que ce n'était pas le mauvais homme, ni le coureur de jupons, contre qui il fallait mettre en garde une jeune fille. Les Jurgens, les Casanovas et les Macheaths ont reçu tellement de bonheur des femmes qu'ils rendent le bonheur par le bonheur. Ils sont le soleil qui brille et laisse, après son coucher, un sentiment de gratitude. C'est contre l'homme méchant, contre l'homme qui n'a pas réussi avec les femmes qu'une jeune fille doit être protégée. C'est l'homme qui sera méchant avec elle. Et je pense que c'est une mauvaise chose qu'un homme proche de la cinquantaine se mette délibérément à semer la folle avoine. Il va se venger quelque part de son enfance affamée. La possibilité de profiter au maximum des années les plus intéressantes est la plus grande offre que le monde fasse au jeune artiste qu'il veut transformer en artiste.

Mais, même ainsi, je doute que ce pot-de-vin parvienne à vaincre l'instinct de préservation qui nous pousse à jouer pour la sécurité, s'il n'y avait pas cet autre encouragement plus puissant, l'amour de son travail pour lui-même.

Il y a environ un an, un colloque s'est tenu à *The Strand,* au cours duquel un certain nombre de romanciers ont été invités à nommer le livre qu'ils avaient le plus apprécié l'écriture. Plusieurs écrivains ont déclaré qu'ils n'avaient eu aucun plaisir à écrire aucun d'entre eux ; qu'ils avaient apprécié la planification, la révision, mais que la rédaction proprement dite était un travail dur et désagréable. Je me demande. Je suppose qu'ils étaient sincères. Mais j'ai été heureux de lire l'autre jour dans un journal américain un article de Hugh Walpole disant qu'il continuait à écrire simplement parce qu'il « aimait ça, raconter des histoires ».

L'argent, les loisirs et l'ambition satisfaite sont des jouets joliment colorés ; mais ils sont saveur, ils sont décoration ; ils ne procurent pas la satisfaction profonde et durable d'une tâche difficile abordée et menée à bien. Peu importe qu'on écrive bien ou mal : il y a la même joie de créer, le même plaisir à voir la page blanche se remplir sous ses yeux, à compter le nombre de mots qui résultent d'une matinée de travail. Il y a le sens physique de l'effort ; la lassitude physique contre laquelle il faut lutter, quand le cerveau est avide d'idées, mais le poignet est raide et fatigué, quand on a envie de lâcher la plume et de s'enfoncer dans un fauteuil. Mais on ne lâche pas la plume ; on continue, et ça vaut le coup.

Il s'agit de jouer en haut d'une colline, contre le vent, pour maintenir les pistes pendant que l'homme à l' autre bout obtient des guichets. Vous avez joué dix overs ; vos jambes, vos bras et votre dos sont fatigués. Pour soixante balles, vous avez conservé cette longueur en dehors de la souche, tout simplement trop courte pour être enfoncée, tout simplement trop haute pour être coupée. Vous avez un peu modifié votre rythme ; vous avez joué en premier depuis l'extrémité de l'enceinte ; puis de près contre le guichet. Des petites astuces pour le faire continuer à jouer, pour briser sa patience, afin qu'il commette l'erreur fatale à l'autre bout contre l'homme qui a le vent et la pente pour l'aider. Et tu es fatigué. C'est déchirant, le jeu de Fabius Cunctator. Vous avez envie de lancer le ballon au capitaine, de dire : « Je suis fatigué, je n'en peux plus. » Mais vous savez qu'il ne peut pas faire confiance à son autre et meilleur quilleur pour continuer à jouer à cette longueur de balle : vous savez que les guichets doivent venir du haut. Vous vous y tenez. Vous en renversez un autre et vous obtenez votre second souffle.

Il n'existe pas de travail sans épuisement physique, et écrire est physiquement la chose la plus épuisante que je connaisse, bien plus épuisante que le jeu de rugby le plus dur ou la journée la plus longue sur le terrain. C'est un tel vide de soi. J'ai essayé de dicter une fois, mais je n'ai pas aimé ça. J'ai accompli énormément de travail en très peu de temps. Mais je n'ai pas aimé ça. Je manquais la vue de la page blanche qui devenait lentement noire, la pile de papier qui s'élevait à mes côtés, et la longue lutte du cerveau contre la lassitude croissante du poignet et des doigts.

Car, quoi qu'il arrive, l'amour de l'écriture demeure même chez le plus désolant des hackers, l'homme qui ne peut se permettre d'écrire qu'occasionnellement ce qu'il a envie d'écrire, qui doit produire des fictions de magazine, des critiques et des paragraphes, pour pouvoir acheter le loisir pour écrire ses vers ou ses histoires invendables. Nous nous restreignons dans un sens pour pouvoir nous gaspiller dans un autre. Et là encore, on peut trouver une analogie chez la courtisane, chez la femme qui vend une partie d'elle-même à un homme pour se donner plus pleinement à un autre. Dans un amour librement donné, elle retrouve le respect d'elle-même. « Qu'importe, pense-t-elle, ce que je fais tant que je peux rendre cet homme heureux. Et parce que j'accorde quelques faveurs à ce vieux juif riche, je peux donner à cet autre ce qu'il n'aurait jamais pu obtenir de ces miss roses et blanches, de ces minaudières de pain et de beurre. C'est dans le même esprit que le pourvoyeur de fiction à bas prix finance la publication de ses vers.

Nous sommes de la même race et du même sang, parlant la même langue, ne participant pas aux affaires du monde, à ce qui est utile à la machinerie commerciale de la vie. Même si ce que nous produisons est une marchandise commercialisable, même si nous mettons de l'argent dans les poches des éditeurs, des promoteurs et des gérants d'acteurs, nous restons toujours des marchands de divertissement. Depuis quelque temps, nous avons cessé d'être des fripons et des vagabonds. On ne dîne pas, comme le faisaient les joueurs ambulants, dans la cuisine du domestique. Nous sommes, pour le moment, presque respectables. Nous appartenons à des clubs. Nous ne portons aucune tenue vestimentaire distinctive. C'est en effet la mode pour l'artiste du moment d'avoir l'air tout à fait ordinaire, d'être en fait comme tout le monde, avec les cheveux courts et des problèmes de domestique. Aujourd'hui, Congreve se contenterait de se qualifier de dramaturge et d'être membre du Garrick Club. C'est une phase. Seule la surface de la vie change. Un autre tour de roue et l'artiste retrouvera les siens. Et il se promènera d'une ville à l'autre, avec des ménestrels, des acteurs et des courtisanes, une compagnie joyeuse et insouciante, des vagabonds de fortune, inutiles et ornementaux. Et une fois de plus, peut-être, il y aura de véritables pièces de théâtre, des chants anglais et des récits de contes simples.

XI

Il existe une idée selon laquelle raconter des histoires est une chose bon marché et vulgaire ; qu'il ne remplit aucune fonction ; qu'il n'élargit pas notre connaissance du caractère humain et de la vie humaine. Et pourtant, qui est le plus distinctif pour nous, Michael Fane ou Sir Launcelot, Guenièvre ou Sylvia Scarlett ? Le personnage de Michael Fane nous a été présenté à travers plusieurs milliers de mots d'analyse détaillée. Sir Lancelot est le héros de quelques incidents. Mais nous connaissons Launcelot mieux que Michael, pour tous ses nombreux volumes. Et connaissons-nous Jean Christophe aussi bien que Saül, Joab et le fils de Jessé ? Il y a mille cinq cents pages de Jean Christophe, quinze cents pages de troubles, de conflits et de désirs ; rétrospectivement, une impression confuse. Mais nous n'oublions jamais l'incident de Sabine, cette histoire parfaite, ce diamant dans une bague en cuivre. Le contour se brouille ; un personnage se fond dans un autre. Mais il reste l'image de Sabine assise nonchalamment devant sa maison ; de Sabine baissant le store de la fenêtre le soir où elle se rend compte que Jean l'aime ; de pois à écosser Sabine ; de Sabine cherchant un bouton dans le désordre de sa boutique ; de Jean et Sabine frissonnant de chaque côté de la porte de peur de tourner la poignée. Quarante pages sur mille cinq cents, mais les plus parfaites de la littérature en prose de ces quarante dernières années.

Tourgueniev n'a jamais organisé sa pensée comme le faisait Tolstoï. Il ne s'est pas expliqué dans un argument constructif. Il n'en avait pas besoin. Il y a implicitement dans son œuvre la philosophie la plus douce, la plus tolérante, la plus harmonieuse qui ait été exposée par l'homme depuis le Sermon sur la Montagne. Et Tourgueniev était un conteur. Il savait qu'aucun langage ne parle plus directement au cœur humain que celui du simple récit. Les Russes le détestaient et se méfiaient de lui, en particulier Dostoïeffski, qui ne pardonnerait jamais à Tourgueniev d'être un gentleman. Mais il n'y a jamais eu quelqu'un de moins snob, intrinsèquement, que Tourgueniev, personne qui se soit montré plus simple et moins assumant par ses réalisations. Il se contentait d'être un artiste, un créateur de belles choses. Il n'assuma pas, comme Tolstoï, le rôle de prophète. « Si raconter une histoire est une chose bon marché », nous pouvons l'imaginer dire : « je n'y peux rien. C'est la chose pour laquelle je suis né.

Tourgueniev savait qu'il suffit de créer de la beauté : que demander une influence directe à l'art est une folie inutile ; que c'est au politicien et au journaliste, et non à l'artiste, qu'il appartient de modifier le tissu social. Tourgueniev était un artiste ; Rien de plus et rien de moins. Aujourd'hui, l'artiste a développé un sens de la mission. Il sent qu'il est là pour faire quelque chose. Et risque, par conséquent, d'échanger une vision temporelle contre une vision éternelle de la vie. Grâce à notre familiarité avec la presse quotidienne, nous sommes parvenus à associer l'écrit à l'exposé d'un cas.

Lorsque nous lisons un article de journal sur les conditions de vie à Bermondsey, notre première question est : « Tout cela est très bien. Mais est-ce ainsi que la majorité des habitants de Bermondsey existe ? Et lorsque nous lisons un roman sur Bermondsey, nous appliquons la même norme. « Est-ce ainsi, nous nous demandons, comment vit la majorité des Bermondsiens ? Si nous décidons que ce n'est pas le cas, nous disons que le roman « n'est pas fidèle à la réalité ». Nous avons du mal à nous débarrasser de l'idée selon laquelle tout écrit doit être une forme de reportage spécial.

Et, bien sûr, pour les besoins d'un roman, peu importe que la vie de la majorité des Bermondsiens corresponde ou non à celle du héros et de l'héroïne. L'universalité ne s'obtient pas en cataloguant la routine d'un certain nombre de personnes sans intérêt. Il est peu probable que de nombreuses laitières aient été victimes d'une série d'aventures aussi déconcertantes que celle qui est arrivée à Tess des D'Urbeville. Mais Tess est fidèle à la vie. C'est vrai car Thomas Hardy est un romancier et non un journaliste. S'il avait voulu que son livre soit une « Case de l'oncle Tom », si son impulsion créatrice avait été inspirée par le désir d'améliorer le sort des ouvriers agricoles du Wessex, les critiques auraient eu raison de dire : « C'est une pièce de plaidoirie spéciale fondée sur un concours de circonstances particulièrement inhabituel. Nous considérons donc que cela n'est pas fidèle à la réalité. Pour le journaliste, le mot « vie » implique les conditions extérieures dans lesquelles vit la majorité des gens ; pour l'artiste, la vie est la réalité derrière les moyens de subsistance, et pour la révélation de cette réalité, le choix du sujet est relativement sans importance. Le même moment de réalité peut être présenté avec la même efficacité à travers les supports les plus divers.

L'appréciation de la qualité temporelle de la vie, de l'approche de l'âge, du sentiment d'affaiblissement du pouvoir, se retrouve dans l'œuvre de presque tous les grands écrivains ; mais chaque écrivain l'exprime en fonction des phénomènes qui lui sont le plus familiers. Anthony Trollope trouverait un soulagement à une telle humeur en étudiant un pasteur gentil et inefficace. George Moore raconterait l'histoire d'un papillon de la Nouvelle Athène, d'une certaine Marie Pellegrin. Neville Cardus se souviendrait de la splendeur éphémère de Tom Richardson. Pour le journaliste, il semble y avoir peu de points communs entre ces trois études. Mais l'artiste veillerait à ce que le sujet soit dans chaque cas le même. Dans « La Terre », Zola a raconté la même histoire que Shakespeare a racontée dans « Lear ».

De nos jours, seuls les best-sellers écrivent des histoires, écrivent réellement des histoires, des histoires pour leur propre bien. C'est pourquoi ils sont des best-sellers. Il se peut qu'ils racontent de mauvaises histoires, ou plutôt qu'ils racontent mal les histoires. Car il n'existe pas de nouvelle histoire : c'est le traitement qui compte. Mais ce sont des histoires ; et la plupart de leurs auteurs, s'ils le voulaient, s'ils estimaient que cela en valait la peine, pourraient écrire le genre de roman avec trois cents lecteurs qui obtiendrait une demi-chronique sérieuse dans les hebdomadaires cultivés.

Berta Ruck, par exemple. Je ne sais pas si ses livres sont jamais commentés dans les hebdomadaires à six sous ; Je devrais être enclin à en douter. Mais je n'ai pas le moindre doute que ses livres soient bien meilleurs que la plupart des romans tant honorés. Elle écrit des histoires très joyeuses sur des gens très joyeux. Ils commencent par une situation hautement improbable. Une femme persuade un homme de devenir son mari de nom afin qu'elle puisse vaquer à ses affaires sans être dérangée par les attentions d'une foule de prétendants. Un financier, pour apaiser ses parents marieurs, engage une secrétaire pour lui servir de fiancée officielle. Une fille se déguise en garçon et devient chauffeur. Des événements hautement improbables, sans aucun doute. Mais il est permis de s'ouvrir sur une situation quelque peu improbable, à condition que les personnages se comportent ensuite selon la règle. Et les personnages de Berta Ruck le font. Ce sont de vraies personnes. Et ce qui est plus important, ce sont des gens très joyeux. On a pour eux une véritable affection, qui est plus que ce qu'on peut dire de la plupart des romans modernes. Combien de fois rencontrons-nous un héros et une héroïne que nous aimons vraiment, que nous voulons vraiment voir dans le dernier chapitre mariés avec la bonne personne ? Nous le faisons dans un roman de Berta Ruck, et nous pardonnerons toute coïncidence si elle permet cette heureuse rencontre à la dernière page. Pouvoir faire cela, pouvoir écrire un livre joyeux sur des gens joyeux vaut bien plus que... Mais nous ne serons ni personnels ni malveillants. Contentons-nous de constater qu'il serait certainement plus charitable, et probablement plus juste, de supposer qu'un livre se vend en raison de ses qualités plutôt que de ses défauts.

On envie parfois les gens nés il y a cent ans. Cela devait être si facile à écrire à l'époque, alors que toutes les intrigues étaient nouvelles et qu'il y avait si peu d'écrivains. Aujourd'hui, tout le monde écrit des romans. On cultive un sol qui a donné de nombreuses récoltes. On commence une histoire : pendant une semaine, un mois, quinze jours, on est heureux et excité, puis on se désintéresse d'un coup. C'est *du vieux jeu»* , dit-on. Tout cela a été fait tant de fois auparavant. On n'est pas assez bon pour refaire une chose ancienne. Ou encore, il se peut que l'on ne trouve pas de fin à une histoire, une fin qui ne soit pas devenue banale du fait de l'exploitation de celle-ci par d'autres. Ceci, par exemple, cette scène dans un restaurant de Soho : un petit restaurant étranger discret, sans sensation, mais très excellent, dans Dean Street, où je dînais de temps en temps, à l'époque où j'avais un bungalow sous les Downs, après une journée de football. , avant le dernier train pour Sussex, quand j'étais fatiguée, quand je ne voulais pas être dérangée par la musique, le bruit et les rires, quand je voulais que mes yeux se posent sur du papier peint discret et des robes discrètes, quand je savais exactement ce que je voulais , et exactement où le trouver ; là : cet épisode dramatique dont j'ai eu la chance d'être témoin.

Je venais à peine de m'asseoir et de commencer à examiner le menu lorsque les doubles portes du restaurant s'ouvrirent et qu'une jeune fille s'arrêta sur le seuil, regardant autour d'elle avec l'expression d'embarras perplexe que prennent les visages des jeunes gens. dans un endroit étrange. Elle faisait une jolie image alors qu'elle se tenait là, un bonnet de fourrure bien ajusté sur la tête, pressant les cheveux bruns en une épaisse vague autour de ses oreilles ; une petite main levée vers la gorge, retenant à sa place l'écharpe de laine jetée en travers de l'épaule ; une cheville fine dépassant sous sa jupe, une petite chose à l'allure « tweazy » ; et si ses traits n'étaient pas beaux, elle avait la joliesse de toutes les jeunes filles dont la taille est mince et gracieuse, le charme de la feuille verte et du bouton, qui fascine un homme plus que la beauté, mais qui passe vite et dure rarement jusqu'à la fin. féminité.

Elle resta là, regardant autour d'elle un instant, puis l'expression perplexe la quitta ; elle sourit et se dirigea vers le centre de la pièce.

Un homme se leva d'une table dans un coin et vint à sa rencontre. C'était un de ces hommes qu'il est presque impossible de décrire, tant il ressemblait au reste de son sexe par son habillement, ses manières et la tenue générale de sa personne. Il avait l'air, et était probablement, un gentleman ; il avait environ trente ans ; il avait une petite moustache sombre et ne montrait aucun signe de calvitie. Au-delà de cela, je ne pouvais rien dire. Il était caché en toute sécurité derrière la technique d'une éducation.

Je ne pouvais pas entendre comment ils se saluaient, mais dans la façon dont il l'aidait à enlever son manteau, il y avait, imaginais-je, une suggestion d'inquiétude. « Ils ne se connaissent pas très bien », me dis-je, et, avançant un peu plus ma chaise vers la droite, je m'arrangeai de manière à pouvoir les regarder sans tourner la tête.

La suggestion de malaise se répéta alors qu'il se penchait par-dessus la table vers elle avec le menu. « Il est un peu trop impatient », me suis-je dit. « Il a hâte d'y parvenir et il exagère. Il est incroyablement mal à l'aise. Et, appelant le garçon, je commandai un plat dont la préparation prendrait, je le savais, une bonne vingtaine de minutes — et m'installai pour profiter de la petite comédie.

Il avait commandé un dîner coûteux : du champagne, une sole frite, un faisan et une salade japonaise, ainsi qu'une sarriette aux champignons. Il avait désespérément hâte d'en faire un succès et, pour éviter les pauses gênantes, il parlait la plupart du temps : c'était amusant aussi, j'en ai compris, car elle souriait souvent à ce qu'il disait, et une fois elle éclatait de rire, frais : rire clair; et ce rire, qui éclata au milieu du repas, me révéla ce que j'aurais dû voir auparavant, à savoir que, pendant qu'il endurait les angoisses de la gêne, elle se préoccupait uniquement du plaisir naturel d'un bon dîner dans compagnie agréable. "L'intrigue s'épaissit", dis-je, car cette découverte excluait la possibilité de la petite romance agréable à laquelle j'avais envisagé - leurs parents avaient interdit leur mariage, ils avaient décidé de s'enfuir très courageux alors que le projet n'était qu'en discussion, mais maintenant que le moment était venu, ils se repentaient de leur splendide résolution et donneraient tout pour être dans leurs maisons respectives, assis devant le feu, pensant agréablement au lit. Cette solution devrait disparaître ; car, si tel était le cas, elle serait certainement aussi nerveuse, et probablement plus nerveuse, que lui, à moins que... mais c'était une éventualité dont je refusais d'envisager la possibilité. L'idée d'une fuite devrait être abandonnée et, d'ailleurs, rien ne suggérait qu'ils étaient amants ; ils ne s'étaient pas une seule fois regardés dans les yeux ; ils ne s'étaient même pas tus ensemble, et le silence est le commencement de l'amour. Ils n'étaient pas mari et femme ; ils n'étaient pas des amants avoués ; ils ne semblaient même pas être des amants potentiels.

Et pourtant, ce dîner était pour lui certainement une grande occasion. Elle comptait pour lui. Mais quoi? Il était possible, bien sûr, qu'il soit amoureux d'elle, et pas elle de lui. Mais ce n'était pas une raison pour être timide. Faire la cour est une affaire tranquille et, dans l'ensemble, agréable ; et sûrement le jeune homme n'était pas assez stupide pour envisager une proposition prématurée sur le chemin du retour. Car il n'y a rien de plus fatal qu'une cour précipitée. Il arrive un moment où une fille s'attend à ce qu'un homme lui prenne la main et lui dise qu'il l'aime, et qu'elle serait en colère contre lui s'il ne le faisait pas. Mais il est désastreux d'anticiper un point culminant. Et cela, le jeune homme le sait ; étant un homme de trente ans, de tels moments ont dû lui être souvent arrivés auparavant. « Et pourtant, peut-être, me dis-je, il envisage cette folie. Pourquoi?"

Et, posant mon verre, j'ai commencé à raconter une histoire. Il avait été officier pendant la guerre et, après sa démobilisation, il était allé à Oxford pour obtenir son diplôme. C'était tout à fait possible, et cela lui ferait vingt-huit ans aujourd'hui. Oui, il était allé à Oxford et avait décidé d'entrer dans la fonction publique ; il avait voulu un poste dans le Home Civil, mais il n'avait pas pu rattraper les années qu'il avait perdues pendant la guerre, et il était passé dans le Civil indien. Dans quinze jours, il partirait pour plusieurs années à l'étranger, et il y avait cette fille qu'il avait rencontrée peut-être au tennis, et dont il était tombé amoureux, fasciné par sa délicatesse, sa grâce frêle, son évocation de papillon. Elle était jeune et inexpérimentée, et avait considéré son amour comme une camaraderie, car il était peu démonstratif et parlait de danse et de championnat de cricket ; et maintenant il s'en allait. Il l'avait invitée à dîner et avait désespérément hâte de mettre les choses au point avant de partir. Et de tout cela, elle ne savait rien.

Une situation intéressante qui pourrait devenir une bonne histoire. Dans le fait que cet homme n'ait pas réussi à entrer dans la fonction publique intérieure, il n'y aurait qu'une allusion à la triste situation de l'ancien soldat ; il avait servi et avait été écarté au profit de quelqu'un qui ne l'avait pas fait. Et de cet échec dépendait la signification de son roman. Il s'était préparé à une cour lente et tranquille, et se rendait maintenant compte qu'il devait compresser en quelques jours la campagne de plusieurs mois — et, bien sûr, il n'y était pas parvenu. Il n'était pas homme à conquérir le cœur d'une jeune fille. S'il parvenait à la faire tomber amoureuse de lui, ce ne serait qu'après plusieurs semaines d'intimité grandissante. Elle commencerait par se confier à lui, ce serait le premier pas ; et puis… mais ce serait une affaire lente, et, en tout cas, c'était impossible maintenant. Dans trois jours, il devrait se rendre en Inde.

C'était vraiment une histoire capitale, et j'ai commencé à la planifier : la rencontre lors d'un tournoi de tennis ; la nouvelle de son échec à l'examen.; le dîner au restaurant ; puis le voyage de retour en taxi. Je pouvais le voir si clairement.

Ils restaient assis en silence pendant un moment. Puis il se penchait en avant et murmurait son nom, et elle tournait la tête et le regardait avec surprise.

«Oui», disait-elle.

Et il ne saurait que faire dans une situation inhabituelle ; et, comme il avait exagéré au restaurant pour cacher sa nervosité, il en ferait de même maintenant. Sans aucun avertissement, il la prenait dans ses bras, l'embrassait maladroitement et lui disait : « Je t'aime ». Ce serait un horrible échec. Très probablement, ce serait son premier baiser, et elle aurait sa propre conception romantique de ce que devrait être un premier baiser, et elle serait en colère contre lui pour sa maladresse. Le baiser ne lui aura procuré aucun plaisir, et cela, elle ne peut lui pardonner. Elle le repoussera, dira probablement : « Maintenant, tu as tout gâché », car dans ces moments-là, c'est le ridicule qui nous vient à l'esprit, et elle parlerait à partir de ses souvenirs d'héroïnes de livres et de magazines, et il essayait de s'expliquer, mais elle secouait la tête avec colère.

"Laisse-moi tranquille! Laisse-moi tranquille! Ne vois-tu pas que tu as tout gâché ?

Et lorsqu'ils arrivaient chez elle, elle sautait du taxi et montait les marches en courant sans se retourner pour lui dire au revoir, et il s'asseyait sur les coussins

en réfléchissant tristement que dans trois jours il s'embarquerait pour l'Inde.
, et je ne la reverrais pas avant trois, voire quatre ans.

Une bonne histoire! Je m'asseyais pour l'écrire dès mon retour à la maison,
sans attendre le matin pour brouiller mon impression de son enfance
surprise. Et je n'aurais pas de mal à terminer cette histoire. Pendant son
absence, il lui écrivait et lui demandait pardon, protestant qu'il l'aimait, qu'il
l'avait toujours aimée, qu'il regrettait son impolitesse ; et cela, à son retour,
pourrait-il espérer – une lettre banale ce serait ; mais alors, si c'était tout sauf
banal, ce serait un écrivain de beaucoup de talent, et c'est ce que je n'avais
pas l'intention de faire de lui. Non; il lui écrirait une lettre d'amour ordinaire,
et elle, étant une femme ordinaire, en serait émue, et, la distance cachant ses
rougeurs, elle écrirait en disant qu'elle avait été jeune et stupide, mais qu'elle
était maintenant sage. , et je l'attendrais avec plaisir. Et pendant quatre ans ils
se créeront lentement, lettre par lettre, une illusion l'un de l'autre à partir de
l'enchantement des choses lointaines. Il deviendrait son prince charmant, et
elle serait pour lui une créature au parfum infini. Et puis, lorsqu'ils se
reverraient, elle se retrouverait dans les bras d'un Anglo-Indien prosaïque,
aux cheveux clairsemés, et il constaterait qu'une fille était devenue une
femme, que ses jolis traits étaient devenus irritables au cours des années
d'attente. .

Et le matin, je devrais décider s'ils doivent ou non se marier ; ils le feraient
probablement, par manque de courage qui se regarde dans le verre et dit : «
Tu as échoué, mon ami. » Oui, il serait plus vrai de les marier, et peut-être
qu'elle serait heureuse dans ses enfants, tandis que lui trouverait du plaisir
dans la société d'une autre femme. Mais, de toute façon, un rêve aurait été
dépassé, et ce serait l'objet de mon récit : raconter simplement comment tout
change, tout passe ; ce n'est pas une philosophie nouvelle et qui est venue à
l'esprit d'Héraclite, mais néanmoins vraie.

Et en regardant le couple dans le coin, j'ai pensé avec une réelle sympathie à
leur triste sort. Ils se préparaient juste à partir ; le garçon avait apporté
l'addition soigneusement pliée sur une assiette ; la jeune fille s'était tournée
vers une grande photographie de la famille royale et s'efforçait d'arranger ses
cheveux à partir du reflet flou qui s'y reflétait.

Elle était souriante et heureuse, ignorant le désastre qui l'attendait. En cinq
minutes, elle aurait été embrassée maladroitement, aurait assuré à son amant
qu'« il avait tout gâché », et le rideau serait tombé sur le premier acte de la
tragédie. Rien ne pouvait être fait pour la sauver ; c'était cruel – si jeune, si
frais et avec un printemps si bref.

Je me livrais à cette rêverie douce et sentimentale, car un conteur court
toujours un grand danger de confondre sa propre réalité avec celle du monde
et de considérer tout ce qui arrive à lui et à ses amis comme des têtes de

chapitre d'un roman. . J'étais, dis-je, en train de donner libre cours à ma faiblesse animale, lorsque soudain, pour la première fois de ma vie, j'ai été témoin d'un véritable incident dramatique.

La jeune fille s'était retournée pour arranger ses cheveux dans le reflet flou de la feuille de verre qui protégeait la famille royale de la poussière et, pour essuyer un peu de poudre sur son menton, elle avait sorti son mouchoir de poche de son sac. Le sac était ouvert sur la table, la bouche pointée vers son compagnon et, à mon grand étonnement, j'ai vu l'homme se pencher en avant, jeter un coup d'œil autour de la pièce pour voir si quelqu'un le regardait, puis sortir rapidement du sac quelques livres. Remarques; il les plaça sur l'assiette sous l'addition, ajouta une autre note de sa part et attira l'attention du serveur sur l'assiette. Puis, une minute plus tard, l'assiette revint ; le serveur recevait un pourboire substantiel, en échange duquel il aidait ses clients à enfiler leurs manteaux et les faisait sortir du restaurant ; tout cela que j'ai regardé avec un émerveillement hébété, quoique intrigué. Je suppose que j'aurais dû me lever de mon siège et attirer l'attention de la jeune fille sur le vol, mais il est difficile pour celui qui a choisi le rôle de spectateur de décider d'une action violente et soudaine. Et en outre, j'ai appris que l'ingérence est invariablement imprudente, que je ne peux pas attendre des autres qu'ils s'occupent de leurs propres affaires avant que je ne m'occupe des miennes. Quoi qu'il en soit, quelle que soit la bonne chose à faire, j'ai fait ce qu'il était naturel pour moi de faire dans de telles circonstances : je me suis assis là où j'étais et, en cinq minutes, je me suis perdu dans une spéculation vague et mélancolique.

Les raisons de l'embarras de l'homme étaient désormais claires ; toute la soirée, il avait attendu l'occasion de voler l'argent de son compagnon, c'était évident. Et dire que depuis une demi-heure j'avais concocté une histoire absurde à la manière de Tourgueniev, sur un fonctionnaire indien et « la fille qu'il a laissé derrière lui » ! Avec impatience, j'ai appelé pour mon facture, j'ai donné un pourboire au serveur et je suis sorti dans Dean Street.

L'air frais m'a fait du bien en me redonnant confiance en moi. C'était une erreur, me disais-je, que n'importe qui aurait pu commettre. On ne s'attend pas à croiser des voleurs en dehors de la Bourse et des pages des rapports de police. Et c'était une assez bonne histoire que j'avais inventée – une légère dette envers Tourgueniev peut-être, mais alors chaque nouvelle qui est écrite doit quelque chose soit à Tourgueniev, soit à de Maupassant, soit à Tchécov. Et j'avais en outre matière à un autre conte vraiment de premier ordre. Je le voyais très clairement : la jeune fille bavardait agréablement et l'homme devenait de plus en plus inquiet. « Ne se repoudrera-t-elle jamais le nez ? se demande-t-il et tente de cacher son inquiétude sous une série d'anecdotes amusantes. Et sans doute je pourrais leur faire parler de la fille moderne, et elle dira qu'elle déteste la fille qui poudre et peint ; et il devra être d'accord avec elle, vu que son teint est le sien, bien qu'il déteste, pour la première fois de sa vie, la nouvelle floraison de ses joues et prie pour qu'elle soit une autre sorte de fille – une situation délicieuse. Et puis, enfin, quand tout semble perdu, je pourrais la faire se pencher en avant pour sentir les fleurs sur la table, et un point de pollen jaune s'attacherait à son menton, sur lequel il attirerait bien sûr son attention.

«Est-ce vraiment là», disait-elle, et, ouvrant son sac, elle sortait son mouchoir, se tournait vers la photo à côté d'eux et lui donnait l'occasion.

Jusque-là, ce serait assez simple. Mais au-delà de cela, beaucoup de réflexion serait nécessaire. Un si bon motif ne doit pas être écarté, et tout au long de Charing Cross Road, j'ai rappelé l'incident dans mon esprit.

Il y a quinze ans, j'aurais pu en faire un agent du trafic des esclaves blanches. C'était alors un thème populaire ; chaque jeune fille qui venait à Londres regardait Paddington avec appréhension à la recherche de la gentille vieille dame qui lui demanderait si elle était nouvelle dans cette région. Oui, il y a quinze ans, cela aurait été une histoire émouvante. Mais, au cours des quinze dernières années, la rue Villiers a été placardée de descriptions shillantes de « Pourquoi les filles vont mal » ; et l'évêque de Londres a écrit un grand nombre de préfaces et prêché un grand nombre de sermons. Le Trafic des Esclaves Blancs est *un vieux jeu* . Pourtant, il y avait quelque chose dans le *motif de la séduction* . « Oui, certainement », me dis-je en présentant mon abonnement à la barrière de Victoria et en descendant le quai à la recherche d'un siège dans un coin ; On pourrait en tirer quelque chose : et au moment où nous atteignîmes Selhurst, une histoire avait commencé à se former dans mon esprit.

Elle était venue de province pour la journée et avait rencontré un vieil ami qui l'avait invitée à dîner ; elle avait eu l'intention de prendre le dernier train pour rentrer chez elle. L'homme est frappé par sa beauté et se demande comment il peut la posséder au mieux. S'il lui vole son argent, elle ne pourra pas racheter un billet.

L'image s'est agrandie devant moi. Je pouvais les voir au bureau de réservation. Je la voyais fouiller dans son sac, fouiller chaque poche, puis se tourner vers lui avec un regard désespéré.

"J'ai perdu l'argent."

"Oh non; sûrement pas », disait-il. « Il doit être dans une de vos poches. Jetez un autre coup d'œil.

Et elle ferait une autre recherche longue et minutieuse qui, bien sûr, serait tout aussi vaine. Et elle se tournait vers lui les yeux remplis de larmes.

« Mais que dois-je faire ? Je ne peux pas rentrer à la maison. Je n'ai pas d'argent pour acheter un billet.

Et dans sa voix il y aurait la suggestion qu'il lui en prêterait et, bien sûr, il dirait qu'il n'en avait pas avec lui, mais que si elle revenait dans son appartement... Et elle le remercierait avec effusion. et ils sautaient dans un taxi, mais lorsqu'ils arrivaient à l'appartement, qui se trouvait en haut de quatre étages, avec l'appartement du dessous inoccupé, il découvrait qu'il n'avait finalement pas d'argent et que le portier avait parti, et qu'il n'y avait personne à qui il pourrait en emprunter; elle s'affaissait sur le canapé, les mains jointes devant les genoux, tandis qu'il se tenait derrière elle, se demandant à quel moment précis...

Mais à ce moment-là, le train s'arrêta à East Croydon, où je dus changer et attendre vingt minutes pour avoir une correspondance ; et, tandis que je marchais de long en large sur la plate-forme pour essayer de me réchauffer, un rapide mécontentement à l'égard de mon histoire m'envahit. Qu'importait ce qu'il disait ensuite, ou à quel moment précis il... car quoi qu'il fasse, ou quoi qu'elle fasse, l'histoire telle que j'avais choisi de la raconter ne pouvait se terminer que d'une seule façon : une rangée de points, et un court paragraphe de conclusion : « Le lendemain matin, ses cheveux noirs éparpillés sur l'oreiller, elle s'est réveillée dans une pièce inconnue... » Et combien de fois cela a été fait. Dans combien de romans ces cheveux noirs n'ont-ils pas été éparpillés sur cet oreiller ? C'était théâtral, vulgaire, le genre d'intrigue qui vient à l'esprit lorsqu'on est assis dans le fumoir de son club après un copieux déjeuner et une demi-bouteille de Pommard, et j'ai arpenté le quai de la gare d'East Croydon dans un état de mépris de soi froid et misérable.

Mais la chaleur nous ravive, et quand je me retrouvais dans le coin d'un fumeur, par la fenêtre duquel la chaleur coulait en longs filets épars, je commençai à penser qu'après tout, même si je devais laver la séduction Il y a peut-être quelque chose dans l'idée du billet de retour perdu et du dernier train pour Anerley. Supposons maintenant que le jeune homme ait longtemps assiégé sans succès sa belle compagne, et que, sur le refus de sa troisième proposition, il ait décidé qu'il n'obtiendrait jamais la main de sa bien-aimée à moins de compromettre innocemment son honneur ?

Oui, ça pourrait marcher. Il lui volerait de l'argent au restaurant ; ils arriveraient au bureau de réservation où se déroulerait la scène que j'ai déjà décrite. Il y aurait le retour à l'appartement et la découverte que le portier était absent et qu'après tout il avait oublié d'encaisser le chèque qu'il avait émis le matin.

"Mais que dois-je faire?" dirait-elle.

Et, avec une confusion bien simulée, il marmonnait quelque chose sur le fait qu'il ne se soucierait pas d'un « shake-down » sur le canapé, et que si elle prenait sa chambre...

« Oh, mais je ne pouvais pas ! Comment pourrais-je? Que dirait maman ?

Juste une petite touche qui placerait immédiatement la mère sous les yeux du lecteur : une femme rondelette et lourde avec un mari petit et insatisfaisant. Une femme aux fortes passions, qui s'est concentrée sur le strict respect des convenances.

"Mais que dois-tu faire d'autre ?" s'exclamait le jeune homme, et il balbutiait quelque chose sur le fait de lui donner sa clé. Et, à la fin, elle consentirait à y passer la nuit, et le lendemain matin, ils arriveraient à Anerley avec le lait, et seraient reçus par la mère dans le salon de devant, une pièce froide et mélancolique où le feu fumait lamentablement. . Elle les recevait les mains sur les hanches et disait un mot : « Eh bien ! puis écoutez pendant que le jeune homme balbutie ses explications. Bien sûr, elle ne le croirait pas : il ne s'était jamais attendu à ce qu'elle le croie, et il aurait été misérablement déçu si elle l'avait fait. Il écoutait ses menaces et ses tirades, puis, au moment opportun, il se redressait de toute sa hauteur.

« Madame, disait-il, vos accusations sont fausses ; la porte de la chambre dans laquelle dormait votre fille a été verrouillée toute la nuit. J'ai dormi sur le canapé. Mais pour prouver mon honneur et défendre le sien, je suis prêt – et j'en serai fier – à épouser votre fille.

Un lent sourire s'étalait sur le visage de la mère. L'honneur sauvé, une fille libérée de ses mains ; et enfin la fille, émue par sa chevalerie, pourrait même tomber amoureuse de son chevalier errant.

J'ai envisagé cette solution lors des trois kilomètres de marche depuis la gare de Hassocks. C'était original. Je n'avais jamais vu cela réalisé auparavant. Une telle situation est assez courante dans la fiction moderne. Mais l'erreur est généralement authentique, et cette scène dans le salon lugubre est le prélude à de longues années de misère conjugale. Parfois, la liaison est arrangée par la jeune fille, si elle peut se fier au manque d'entreprise de son amant. Car une fille s'intéresse plus au mariage qu'un homme, et le propose indirectement plus souvent que ne voudraient le laisser croire les admirateurs de l'homme fort. Mais qu'un homme planifie une telle escapade, ce serait effectivement nouveau. Et je m'endormis content, pensant que le lendemain se passerait agréablement et agréablement au travail.

Mais il existe un poème d'une poétesse, aujourd'hui peu lu, qui contient ces vers :

"Les couleurs vues à la lueur des bougies
ne se ressemblent pas de jour"

et quand le lendemain matin le soleil brillait à travers la fenêtre de ma
chambre, mon intrigue me parut moins originale que je ne l'avais cru la veille.
Qu'était-ce, après tout, sinon une vanité ? Il disait « noir » au « blanc » de
quelqu'un d'autre ; il retournait un vieux manteau à l'envers, et même si cela
me surprendrait sans doute si je me promenais dans le village avec mon
manteau à l'envers, ce ne serait pas un acte particulièrement original, et ce
serait le même manteau.

Ce n'est pas ainsi qu'on peut faire une bonne histoire : associer une situation
ancienne à une situation nouvelle. Je devrais devoir trouver une fin différente
d'une manière ou d'une autre ; ce n'était pas encore une bonne idée de
commencer à l'écrire. Faute de mieux à faire, je suis sorti et j'ai commencé à
désherber le jardin. Mais même si j'avais désherbé les parterres de fleurs
devant la maison et fait un vaillant travail avec une houe parmi les choux,
aucune idée ne m'était venue à l'heure du déjeuner. Et, bien que j'aie passé
tout l'après-midi devant un puzzle, la plus reposante de toutes les activités,
l'heure du thé m'a laissé l'esprit vide, et il est resté dans cet état jusqu'à ce
qu'un ami, à qui j'avais raconté l'incident, fasse une réflexion très intense.
remarque pertinente :

"Pourquoi, si la jeune fille pouvait voir son visage reflété sur la photo, n'a-t-
elle pas vu le jeune homme prendre l'argent de son sac à main ?"

Je restai assis dans un silence surpris. Pourquoi n'y avais-je pas pensé avant ?

"Oui," dis-je, "mais si elle a vu, pourquoi n'a-t-elle pas dit quelque chose?"

"C'est à vous de le découvrir."

Et pendant les trois jours suivants, j'ai cherché dans mon esprit les raisons de
son silence.

Je commençai enfin à entrevoir les lueurs d'un conte, le cinquième que j'avais
construit sur ce couple romantique. Et voici ce que j'ai vu : un jeune homme
timide de province arrive à Londres avec des amis fortunés. Il y a une fille
qu'il trouve très belle et dont il pense qu'il pourrait bientôt se retrouver
amoureux. Et il suggère très timidement que ce serait bien si elle lui faisait
visiter « les sites touristiques », car il veut voir Londres et n'y a pas d'autres
amis. Et comme ces gens riches ont des vues avancées, ou peut-être parce
que la fille a réussi à faire comprendre ses vues à ses parents, sa suggestion
est acceptée ; le résultat est un déjeuner au Criterion, un théâtre et un thé
ensuite. Comme ils semblent plutôt bien s'entendre, il propose un dîner. Il
aimerait voir Soho.

« Oh, mais je dois d'abord y retourner et demander à ma mère », dit-elle.

"Vraiment?"

"Bien sûr; c'est très gentil de sa part de me laisser sortir. Je dois y retourner et lui demander.

Et il admire ce sens du devoir, qui n'est sans doute qu'un prétexte pour changer de robe. Alors elle rentre chez elle pour dire à sa mère que tout va bien, pendant qu'il se rend au petit restaurant de Soho pour prendre une table ; et puis, pendant qu'il l'attend, il fait une horrible découverte. Il ne lui reste plus qu'une livre ; que doit-il faire ? Il prend le menu et voit qu'il lui sera impossible de dîner comme il le souhaite pour moins de trente shillings. C'est un étranger; le restaurant ne lui fera pas crédit. Il n'y a personne à qui il puisse s'adresser pour obtenir un prêt ; il ne peut pas demander à la jeune fille, lors de leur premier jour ensemble, de lui prêter de l'argent. Ainsi, pendant tout le dîner, la menace de ce morceau de papier plié plane au-dessus de sa tête. Que va-t-il lui arriver? Il se souvient avoir vu un jour à Manchester le propriétaire jeter un client impécunieux dans la rue. Ils pouvaient difficilement lui faire ça. Il serait trop grand, mais il serait déshonoré aux yeux de la jeune fille. Il n'a pas la présence nécessaire pour remporter avec honneur une pareille scène. Il balbutiera et marmonnera, et essaiera de s'expliquer, et aura l'air stupide ; il finira probablement par laisser sa montre sous caution, tandis que la jeune fille se tiendra à ses côtés, honteuse et méprisante.

Il essaie de faire durer le repas le plus longtemps possible ; ils prennent du café, deux liqueurs et des cigarettes sans fin ; mais vient enfin le moment où elle commence à boutonner ses gants et à rassembler ses affaires.

« Je dois vraiment y aller maintenant », dit-elle, « et ce fut une très belle soirée. Merci beaucoup."

Et il regarde avec tristesse le morceau de papier plié. Puis, au moment où il s'apprête à faire signe au serveur et à demander un entretien avec le patron, la tentation survient : son sac est ouvert face à lui ; elle regarde de l'autre côté. Il voit l'argent. Voici la sortie ; peut-être qu'elle ne s'apercevra pas qu'elle l'a perdu. Elle est riche. En tout cas, il doit courir le risque. Et, alors qu'elle se coiffe dans le verre, elle le voit prendre son argent.

Elle est choquée, terriblement choquée, mais on comprend facilement son silence ; sa curiosité est aiguisée, elle s'intéresse au jeune homme et devine qu'un jour il se pourrait bien qu'elle éprouve pour lui plus que de l'intérêt. L'argent ne la préoccupe pas beaucoup.

Oui, je voyais la scène assez clairement ; cela me fournirait d'excellentes opportunités de dialogue dramatique ; le malaise croissant de l'homme face à l'appréciation progressive de la jeune fille et à l'émerveillement sur la cause, l'espoir, peut-être, que ce soit le début de l'amour. Une bonne scène, mais il serait impossible de ne pas écrire une bonne scène avec un tel décor et un tel épisode. Mais même en le voyant, je savais que cela ne servirait à rien. Jusqu'à quel point culminant cela fonctionnerait-il : rien que le vieux *cliché* : « Je le savais depuis le début ». Cela resterait une surprise, bien sûr ; on ne dirait pas au lecteur que la jeune fille avait vu le vol se refléter dans le miroir. L'histoire décrirait les progrès de leur cour; les interrogations du jeune homme. « Si je lui dis, est-ce qu'elle me méprisera ? Comment la machinerie craquait-elle, combien de fois cela a-t-il été fait auparavant ; et enfin le décor serait prêt pour la confession.

"J'ai quelque chose de terrible à te dire, ma chérie."

Il le laissait échapper puis cachait son visage sur ses genoux par honte, et elle lui caressait doucement les cheveux et souriait.

«C'est idiot, ma chère», disait-elle. «Je le savais depuis le début!»

Comme ce serait banal, comme ce serait banal ! Et le fait que cela soit très probablement vrai ne le rachèterait en aucun cas. Nous sommes des plagiaires dans la vie comme dans les livres, et il y a certains motifs qui sont désormais impossibles dans une histoire, bien qu'ils se produisent dans la vie. Ils ont été trop souvent utilisés. Quelle lassitude nous envahit lorsque l'on découvre dans un roman de dispute conjugale que la femme est sur le point de devenir mère, et que par conséquent le héros ne peut s'enfuir avec sa secrétaire.

Sans aucun doute, c'est une affaire fréquente ; une maternité imminente contrarie une lune de miel imminente. L'automne ravage le printemps. Mais aucun romancier qui se respecte ne permettrait au « petit étranger » de le tirer d'une difficulté. Et, de la même manière, aucun romancier qui se respecte ne permettrait à son œuvre de « tout savoir depuis le début ». C'est un motif qui a assez bien rempli son rôle en son temps, mais lorsqu'une pièce de monnaie passe entre plusieurs mains, les signes et les chiffres qui la composent s'usent ; il est sans valeur et est restitué à la Monnaie ; ce qui est le bon endroit pour « le petit étranger » et « Je le savais depuis le début ».

Et maintenant, après avoir tenté cinq histoires différentes, toutes insatisfaisantes, je sais qu'il est de mon devoir de fournir une conclusion qui sera inattendue et qui ridiculisera mes conjectures précédentes. Je sais que je devrais rencontrer plus tard au restaurant le héros ou l'héroïne, ou les deux ensemble, et apprendre d'eux la véritable histoire ; il devrait y avoir – je le sais – un coup de poing dans le dernier paragraphe ; mais c'est exactement ce que je ne peux pas donner, car je ne connais pas la véritable fin de l'histoire et je n'ai pas pu en inventer une. Insatisfaisant, peut-être, mais intriguant tout de même. Dans un monde où tant de choses sont régies par les lois inviolables des mathématiques, il est agréable de trouver quelque chose de véritablement incomplet. Pour la première fois de ma vie, j'étais témoin d'un épisode dramatique, du genre de chose qu'on ne reverrait plus dans mille ans. C'était un fragment de la vie de deux personnes, et cela doit rester un fragment, un fragment déroutant et fascinant. Et, dans l'ensemble, je suis heureux qu'il en soit ainsi. Un tel autre moment ne viendra jamais à moi. Quand la voix du conférencier commence à s'atténuer, quand le soleil tape sur la butte de Lord's et que le grillon devient lent : à chaque instant où l'esprit se détache de son environnement, je reviens en imagination à cette soirée au restaurant. Ce sera un trésor pour toujours, un livre que je lirai toujours sans lassitude. Peut-être qu'un jour j'en comprendrai le sens ; mais j'espère que non. Je préfère rester énigmatique, pouvoir fermer les yeux et assister à l'embarras grandissant d'un jeune homme qui projette un vol contre nature, voir une jeune fille se tenir à la porte d'un restaurant, une casquette de fourrure bien ajustée par-dessus sa tête, une main gantée levée sur sa gorge.

XII

CERTAINS motifs, dis-je, sont écrits au bout d'un certain temps et doivent être envoyés comme des pièces de monnaie pour renouvellement à la Monnaie. Et donc d'une technique particulière, de certaines manières de raconter, le roman-chronique par exemple. En 1911, tout le monde racontait le passage d'une génération de la jeunesse à l'âge mûr ; c'était devenu le moyen à la mode de la satire sociale ; il semblait être le canal destiné au courant principal du récit du début du XXe siècle. Mais déjà un barrage a été placé sur son passage, le barrage des années 1914-1918.

Le lecteur de roman, je suppose, ne connaît pas de plus grande lassitude, pas de sentiment d'inquiétude plus profonde que celle qui l'envahit lorsqu'il réalise à la page 173 que l'action de l'histoire est sur le point de l'atterrir en 1913. Il se désintéresse immédiatement. . Qu'importe, se demande-t-il, que Jane se fiance à ce coquin d'Harry, ou qu'Arthur s'enfuie avec la créatrice Marjorie ? Août 1914 approche, et quelle que soit la situation dans laquelle, d'ici là, ils parviendront à se placer, l'auteur n'aura aucune difficulté à les tirer d'affaire. Le lecteur se sent trompé. Il n'a pas besoin du *deus ex machinâ* . Il se sent comme le petit garçon qui, avec dégoût, jeta l' *Iliade* à travers la pièce et s'écria : « Pourri ! ils n'ont jamais eu de combat loyal une seule fois. Il y avait toujours un dieu d'un côté ou de l'autre.

La guerre, dans le roman moyen, est un effet sans cause. Il est incontestable qu'un grand nombre de foyers ont été complètement bouleversés par « la grande interruption ». Il ne fait aucun doute qu'un grand nombre de difficultés ont été levées grâce à cette intervention divine, alors même qu'un grand nombre de situations simples sont devenues interminablement complexes. Partout dans le monde, il y avait un effet sans cause, mais dans le roman, qui est une chose essentiellement artificielle, une chose que l'on fabrique de ses propres mains, il ne peut y avoir d'effet sans cause. Et le romancier consciencieux regarde avec consternation cette déchirure qui traverse le tissu de la vie. Il peut bien sûr commencer son histoire plus tôt ; mais il ne peut y avoir de véritable conclusion à un roman de chronique qui se termine en 1910. Le lecteur sait que, dans quatre ans, l'heureux foyer sur lequel le rideau est si tendrement descendu sera dans le chaos et que le héros devra s'y installer. à nouveau lors de ses voyages. Il peut difficilement le commencer en décembre 1918 avec l'image d'un jeune homme sortant de chez son tailleur, en costume de tweed gris. Un roman chronique peut à peine démarrer en cinq ans. Et il est tout aussi difficile pour un écrivain de prendre la guerre avec calme. Il y a eu une ou deux tentatives ; mais, à l'exception de « The Forsyte Saga », ils ont été des échecs. Pour ce type de roman, il faut dix ans clairs de chaque côté.

Ou bien il se peut que la force génératrice du mouvement soit déjà épuisée ; il se peut que le lecteur soit devenu indifférent à force de répéter le sort du jeune homme timide et sensible qui se retirait dans un coin et lisait Keats pendant que ses compagnons jouaient au football, et à qui l'un des maîtres se livrait à quelque chose d'aussi prodigieux. prophétie comme : « Vous n'êtes pas pour la voie médiane. Vous vous élèverez ou vous coulerez. Les étoiles pour toi, ou les profondeurs. Et il y avait certainement une singulière similitude dans les premières aventures amoureuses de ce jeune homme ; le dévergondé au cœur d'or ; la fille pure et le mariage malheureux ; le splendide héroïsme de l'infidélité. Il semblait très audacieux et original en 1912 de terminer un roman par un divorce plutôt que par un mariage. Mais une telle fin était-elle plus concluante que les cloches du mariage victorien ? Dans le roman victorien, le jeune homme se fiance avec la mauvaise fille, mais rencontre la bonne fille à temps pour l'épouser. Dans le roman géorgien, le mariage avec la bonne fille est précédé d'un divorce, au lieu de fiançailles rompues.

Les modes passent vite de nos jours, il y a tellement de romans et tellement de romanciers. Un homme déclenche un mouvement ; une foule d'écrivains de moindre importance le suivent, lui préjudiciant par leurs imitations. Ce mouvement romantique de Michael Sadleir : dix ans tout au plus je le lui donne. « Desolate Splendour » est un bon livre, mais il est inévitablement le précurseur d'une cavalcade positive de barons mélodramatiques et de duchesses pornographiques. En tant que lecteur d'un éditeur, je frémis à l'idée du tarif que ces prochains étés me fourniront.

Nous avons trop de livres : c'est là tout le problème. Et ce n'est pas du point de vue commercial que je me plains. Je ne dis pas que l'offre est supérieure à la demande. Ce n'est pas le cas. Le nombre de romanciers a augmenté, mais le nombre de lecteurs aussi. Commercialement, l'écrivain s'en passe plutôt bien de nos jours. Les grands hommes, Wells, Galsworthy et Bennett, ont dû gagner plus d'argent grâce à l'écriture que Dickens et Thackeray n'en ont jamais fait : et pour nous autres, la vie est matériellement plus facile pour nous qu'elle ne l'était probablement pour nos frères des années 1820. En tout cas, je ne connais aucun autre métier dans lequel un homme de vingt-cinq ans puisse se permettre de jouer au cricket trois jours entiers par semaine de travail. Ce n'est pas du côté commercial que je me plains. Ce que j'essaie de dire, c'est ceci : il est aujourd'hui plus difficile pour un écrivain de produire du bon travail que jamais auparavant.

Le rythme est trop rapide pour commencer. Un roman par an. "Vous devez garder votre nom devant un public." C'est ce que l'agent et l'éditeur insinuent continuellement dans l'esprit de l'auteur, et c'est vrai, bien sûr. C'est la ligne commerciale. Modes printemps et automne. Et seuls quelques-uns peuvent durer. Un roman par an ne serait pas un fardeau pour un homme doté de la vitalité bouillonnante d'un Dickens ou d'un Balzac ; mais il n'y en a pas beaucoup. En cinq romans et quelques nouvelles, Flaubert dit tout ce qu'il avait à dire. Fielding, Smollett, Sterne et Richardson ensemble, ils ne font guère plus qu'atteindre le double des chiffres. Maupassant s'était écrit à quarante-trois ans.

Et puis, parce qu'il y a tellement de romanciers, on attend de chaque écrivain qu'il cultive une province particulière. Son nom sur un livre est comme l'étiquette d'une bouteille de vin. « Ah, oui », répond l'abonné de la bibliothèque, « Compton Mackenzie, une histoire de sons et de couleurs ; un peu coquine : beaucoup de dames séduisantes ; un style doux, orné et sentimental. S'il découvrait à la place une étude politique grise sur l'effet du syndicalisme sur la prospérité commerciale de Tynemouth, il serait aussi déçu et se considérerait comme mal utilisé, comme le professeur Saintsbury si le Château Margaux qu'il offrait à son les invités doivent se révéler comme étant le Clos de Vougeot. Un Bourgogne admirable, mais il avait commandé du bordeaux. Le romancier n'est pas incité à faire des expériences. On lui demande de réécrire un livre indéfiniment, jusqu'à ce que le matériel soit édulcoré et qu'un nouvel artiste apparaisse.

Et il y a eu tellement de romans. Toutes les situations évidentes ont été utilisées. Les thèmes simples de l'amour, de la jalousie et de la parentalité ont été exploités jusqu'à ce qu'il y ait peu de nouveautés à dire. Le vaste champ a été si souvent labouré. Il n'y a que quelques endroits sombres près de la haie, à l'ombre des arbres, où il y a peu de soleil et où les plantes poussent faiblement, de travers, différentes de leurs semblables, des endroits humides où quelques-uns peuvent se spécialiser. « Cela, au moins, disent-ils, nous pouvons le faire nous-mêmes. »

Et quoi qu'on puisse reprocher à *Ulysse,* personne ne peut nier qu'il s'agisse de James Joyce. Un travail étonnant. Un livre sans grammaire et sans cohérence ; comme un bateau lancé depuis un avion au milieu de l'océan, sans rames, sans gouvernail et sans voiles. Parfois, je vois *Ulysse* comme un Thermopyle littéraire, une position désespérée contre des obstacles insurmontables. « Je vais retranscrire la vie, dit-il, telle qu'elle est. Je n'oublierai rien. Tout ce qui passe par l'esprit doit être enregistré. En mettant tout par écrit, j'atteindrai la proportion. *Ulysse* est peut-être l'échec le plus éclatant de la littérature. Mais c'est un échec. Et quand j'en entends des éloges extatiques, je me souviens des cinq semaines environ pendant lesquelles j'étais l'esclave des puzzles. Je travaillais chez eux six heures par jour. J'assortis et réassortis des morceaux ridicules de bois colorés ; J'ai acquis un deuxième viseur pour les dimensions des formes en losange. Peu à peu, peu à peu, de la masse discordante de détails sur la table émergeait un schéma, un schéma. Peu à peu, ce que j'avais pris pour un navet s'est révélé à moi comme un cacatoès, et ce que je pensais être une betterave est devenu un visage. Jusqu'à ce qu'enfin la pièce finale soit montée, et me regarda depuis la table le genre de tableau que j'avais l'habitude de peindre à l'aquarelle dans la chambre d'enfant : une jeune fille nourrissant un lapin avec de la laitue ; un vieil homme remplissant une pipe devant un feu ; un chien qui pleure son maître dans la neige. Mais je n'avais aucun oeil sur la futilité de cette chose. C'est à cause du chaos que j'ai atteint cette symétrie. "Merveilleux", dis-je, "tout simplement merveilleux." C'était la photo que j'avais tant apostrophée. Mais c'était moi-même que je faisais vraiment l'éloge. C'était merveilleux de ma part, j'avais le sentiment d'avoir produit cette chose. Et de même, lorsque, après une heure de combat, nous avons restitué au sens et à l'anglais un passage de la sténographie de Joyce, nous n'avons pas le cœur de considérer la valeur intrinsèque de la chose restituée. Nous sommes tellement ravis de l'avoir fait. « Merveilleux », disons-nous, « merveilleux » et nous le croyons réellement.

Je soupçonne plutôt que l'année 1922 constituera une étape importante pour l'historien littéraire d'aujourd'hui. *Ulysse* est un panneau indicateur. Il ne sera plus guère possible pour les deux styles d'écriture, la sténographie analytique et la narration, d'imaginer qu'ils chassent ensemble. James Joyce a élaboré au tableau noir le morceau d'algèbre sur lequel ses élèves se sont si longtemps penchés. *Ulysse* est la réponse.

« La vie avec un grand « L ». « Chaque génération a son propre cheval de bataille sur lequel monter jusqu'à la mort, et cela a été le nôtre : c'est toujours le cas, je pense. Nous sommes tous à la recherche, chacun à notre manière, de cette étrange qualité de vie qui manque à notre propre existence.

Le jeune poète descend les marches du majestueux manoir où il a lu ses poèmes à haute voix avec une admiration aux yeux brillants dans un salon doucement éclairé et confortablement rembourré. Il hèle un taxi et, tandis qu'il s'affale sur le siège rembourré, il réfléchit à l'aride monotonie de son existence ; un jour ressemble tellement à un autre. Où est le frisson, le mystère de la vie ? Il retournera à son appartement. Ses vêtements seront préparés pour lui. Son homme lui demandera s'il va prendre son bain tout de suite. Il hochera la tête. Il se déshabillera lentement, finira de lire cette critique dans son bain ; il s'attardera sur son pansement. Il dîne avec Mme Spurway. C'est un autre dîner comme celui d'hier et celui de demain. Lady Mary sera là et il devra trouver l'occasion de lui murmurer qu'il l'aime aussi désespérément que jamais, même s'il sait trop bien à quelle vitesse son ardeur se refroidit. Elle est comme toutes les autres. Et par la fenêtre, il contemple le dos ferme et résolu du chauffeur de taxi. Comme il l'envie. C'est la vie. Il n'est pas lié à un cercle d'obligations sociales. Il vit en dehors des conventions. Il est libre.

Les pensées du chauffeur de taxi ne sont pas différentes. Lui aussi réfléchit à la monotonie de son existence. Comment les rues de Londres se ressemblent. Il a promis d'emmener Mary Gubbins au cinéma ce soir-là ; et il se souvient qu'il commence à en avoir assez de Mary Gubbins ; elle est comme tout le monde. Il envie les personnages dorés qu'il porte à longueur de journée d'une scène de fête à l'autre. Il est humain d'envier les conditions de vie d'autrui. La jeune fille qui regarde la rue depuis la fenêtre de sa chambre est séduite par son sens du mystère et de l'aventure, et l'inspecteur des billets d'omnibus s'arrête sur le pont supérieur pour regarder avec mélancolie la fenêtre éclairée. C'est la soif d'expérience, de variété, d'une vie plus remplie. Nous aimerions tous vivre cent vies, entrer au cœur de chaque mystère, ressentir toutes les émotions humaines de bonheur et de tristesse. C'est un instinct naturel. Mais sa manifestation actuelle est malheureuse. Il existe une conviction profondément enracinée selon laquelle la vie n'est intense que lorsqu'elle est amère, que les serveuses, les éboueurs et les balayeurs ont vu plus profondément dans le cœur humain que les employés de banque, les maîtresses d'école et les avocats, que la vie n'est réelle que lorsqu'elle est brut.

Il y a quelques années, un mélange de vermouth au Café Royal m'a valu d'être invité à une invitation générale à une soirée en studio. Un obscur musicien célébrait la fugue de sa femme. Il y avait des promesses prodigues de gin et de whisky. Tout le monde serait là, m'a-t-on dit. Je n'avais rien à faire ce soir-là. J'y suis allé, à la recherche de la vie.

C'était une surprise. Nous avons tous notre illusion de Bohême ; c'est-à-dire nous tous qui étudions la fiction moderne et fréquentons le cinéma. Au fond de notre esprit se trouve une image vivante de la Bohême telle que nous l'imaginons ; une affaire de pénombre et de parfums, de coussins et de draperies collantes. Peut-être qu'une telle Bohême existe quelque part. C'est peut-être le cas ; cela devrait certainement être le cas. Mais cela n'avait pas d'équivalent dans cette soirée en studio.

Au moment où je suis arrivé, la fête durait depuis quelques heures. L'atmosphère était épaisse. Le sol était couvert de mégots de cigarettes et d'éclats de verre brisé. Dans divers coins de la pièce, des couples partiellement ivres se perdaient dans un abandon amoureux. Un Italien, non lavé et mal rasé, jouait du violon. Il y a eu une petite danse. Un certain nombre d'Américains au col ample parlaient à tue-tête dans un jargon artistique. Dans un fauteuil profond, le nez cassé, le front et les sourcils coupés et gonflés, un homme dormait. S'il avait contesté les droits d'un frère artiste aux faveurs d'une dame, ou si ses jambes n'étaient pas à la hauteur de leur tâche et s'il s'était effondré sur une bouteille cassée, je n'ai pas pu le découvrir. En tout cas, il a dormi. C'était un spectacle répugnant; et, d'ailleurs, toute la fête était un spectacle assez répugnant. Mais j'ai été impressionné. J'étais tout simplement libéré des entraves de la discipline et de l'étiquette militaires. Ici, pensais-je, c'était la vie. C'était une société qui avait conquis la liberté, qui était séparée de toutes les opinions préconçues, de toute tradition superposée de goût et de conduite. Ce fut en effet quelque peu choqué pour moi que le seul homme dans la pièce qui semblait posséder un rasoir dise d'une voix sèche : « Quel spectacle. Regardez tous ces idiots qui se font passer pour Dostoïeffski. Il avait raison, bien sur. Londres est pleine de gens qui tentent d'être Dostoïeffsky, soignant secrètement le chagrin de ne pas être épileptiques. Dostoïeffsky prêchait l'évangile de la souffrance, et parce qu'il a passé sa vie dans la pauvreté, l'idée moderne semblerait être que la seule vraie souffrance est la privation matérielle, que l'homme n'a pas vécu s'il n'est pas mort de faim. C'est le nouveau snobisme. Autrefois, tout le monde était soucieux d'établir sa descendance de baron. Maintenant, tout le monde est attristé si son pedigree ne contient pas d'éboueur.

James Joyce est comme ça, j'imagine : ou plutôt je devrais dire que ce qu'il écrit l'est. Et il aurait pu être un si grand écrivain s'il n'avait pas été égaré par son héroïsme téméraire, cette volonté de transcrire à tout prix la vie. Peut-être, cependant, *Ulysse* est-il plus que la Fin du voyage pour un certain type de fiction : il se peut que ce soit la Fin du voyage pour le roman en tant que véhicule du récit ; il se peut que le roman se joue.

Depuis la nuit des temps, des histoires ont été racontées au monde. Mais toujours sous une forme différente. Il y avait l'épopée, et elle est partie ; la ballade, et c'est parti ; le drame, et cela passe ; le roman, et qui sait si le roman comme moyen de narration a fait son tour, que c'est à travers le cinéma que le XXe siècle choisira de se faire raconter ses histoires, et que le roman deviendra une arme de dialectique , une forme glorifiée de journalisme, ou purement un moyen d'enquête psychologique.

XIII

JE SUIS incertain quant à l'attitude officielle des intellectuels à l'égard des « Films ». Je doute en effet qu'il en existe un. Le highbrowisme est censé jeter sur tous les objets de l'enthousiasme populaire un regard froid et judiciaire, peser et comparer les multiples futilités de chaque nouvelle expression de la raison imparfaite de l'humanité, et rendre un jugement final et irrévocable. C'est en tout cas ce que l'écrivain jaunâtre voudrait nous faire penser. « Une coterie d'intellectuels », dira-t-il. Et je suppose que tout va bien. Je suppose que quelque part, sous une forme ou une autre, le highbrowisme existe. Je peux seulement dire que je ne l'ai pas rencontré. Les hommes et les femmes qui m'ont été décrits comme « incroyablement intellectuels » se révèlent pour la plupart, lorsqu'on les connaît, comme des gens très simples et ordinaires, plus intéressés par le cricket que par la politique russe, et plus intéressés par les études juridiques que l'une ou l'autre. Ce n'est peut-être qu'une preuve supplémentaire de ruse. Mais, comme je l'ai dit, j'ai un soupçon très réel que le intellectuel n'est rien d'autre qu'une conception populaire, et que parler d'une attitude « intellectuelle » est à peu près aussi sensé que d'appeler soixante-dix millions de personnes France et de les traiter comme une seule personne.

Mais que le highbrowisme existe ou non, une conception populaire est toujours un point d'appui utile sur lequel accrocher un chapitre. À l'époque où j'étais assis au pied du sixième livre d'histoire et où j'étais amené à déployer, pour masquer mon ignorance et mon oisiveté, de nombreux dispositifs ingénieux, j'avais fréquemment recours à une ruse qui a sans doute en son temps aidé bien d'autres harcelés. historien, mais que j'aimerais penser qu'il est de ma propre invention. Je fabriquerais une exagération étonnamment dogmatique, je l'attribuerais à un écrivain dont je prenais soin de cacher le nom, et je commencerais à éclairer la citation avec des illustrations historiques. La réponse à une question sur la diplomatie prussienne s'ouvrirait par exemple ainsi : « Un certain essayiste du XVIIIe siècle, écrivain plus remarquable peut-être par la vigueur que par l'exactitude de ses affirmations, a déclaré un jour que pour réussir, il fallait être sans scrupules, et s'il existe heureusement de nombreuses carrières contre lesquelles aucune accusation de ce genre ne pourrait légitimement être dirigée, il en est d'autres, parmi lesquelles il faut sans aucun doute inclure celle de Bismarck... » etc. , j'ai espéré, pendant au moins une page et demie, empêcher son lecteur de découvrir que le repas que je lui avais proposé contenait « beaucoup de sac et très peu de pain ».

Je reviens donc à ma phrase d'ouverture : même si je ne sais pas quelle est l'attitude officielle des intellectuels à l'égard du cinéma, je devrais, si je devais la définir en cent mots pour un colloque, écrire quelque chose comme ceci. «

Les intellectuels prétendent mépriser le drame américain : il s'oppose à la conversion en films de pièces de théâtre et de romans. Il recherche dans les présentations classiques les anachronismes et les erreurs historiques. Il aime cependant la gymnastique de Douglas Fairbanks, les comédies à succès, Charlie Chaplin et la Pathé Gazette. Et si mon opinion était sollicitée davantage, je me déclarerais en total désaccord avec cette attitude. J'apprécie les sanglots américains ; Je ressens les bonnes émotions au bon moment. Je prie pour que le malentendu entre le héros et l'héroïne puisse être rapidement et efficacement dissipé. C'est avec une extrême difficulté que je me retiens de me lever sur mon siège pour expliquer au jeune âne que la personne aisée et d'âge moyen avec laquelle il l'a vue à l'opéra était en fait son oncle. En ces temps de compression infinie, il n'est pas désagréable d'avoir raconté en quatre-vingts minutes une histoire qu'il faudrait un jour et demi à lire, et racontée dans l'ensemble, je trouve, de manière plus amusante que dans un long roman. Il n'y a pas d'interludes psychologiques ou sociologiques ; on s'occupe des affaires. En effet, pour quatre-vingt-dix-neuf pour cent. Parmi les longs métrages qui sont mis sur le marché, je suis, je suppose, le genre de personne que le producteur a en tête lorsqu'il les produit. Comme le dit le critique dramatique : « Pour ceux qui aiment ce genre de choses, c'est le genre de choses qu'ils aiment. »

Mais je suis, je l'avoue, insensible à ces courtes aventures à une seule bobine. Cela ne m'amuse pas de voir le duc d'York inspecter les Boy Scouts à Northampton, et je ne suis pas non plus impatient de savoir par quel processus les sardines sont transférées de l'Atlantique à la table du petit-déjeuner. Les films qualifiés d'« d'intérêt » me lassent. Je ne peux pas non plus croire que Larry Semon soit un roi de la comédie. Rarement un peuple civilisé aura pu se laisser divertir par un humour plus primitif et moins subtil. C'est tout à fait du type « haut-de-forme sur la chaise », et cela se termine comme l'Arlequinade, par une course-poursuite.

Il y a cependant un truc dans le film comique qui m'attire toujours ; l'astuce qui consiste à vous faire voir, par un retour du film et une rotation de la poignée vers l'arrière, un homme âgé et défait faire un saut debout, en arrière, de quinze pieds sur le sommet d'un mur étroit. Vous voyez une assiette qui a été brisée en atomes, se reconstruire et devenir entière. Vous voyez le lait qui a été renversé retourner dans le pichet. Deux voyous ont réduit en trois minutes une pièce à la ruine complète ; on tourne la poignée et la pièce se reconstitue. Un miracle, dites-vous. Car, même si vous savez parfaitement qu'il s'agit d'une ruse, vous ne pouvez pas vous empêcher de vous laisser pour le moment entraîner dans la crédulité. Après tout, c'est là, sous vos yeux, que la chose se passe.

C'est dommage, j'ai toujours l'impression que les producteurs jouent si peu avec cet appareil. Cela pourrait être infiniment divertissant. Il ne serait pas nécessaire que les choses brisées soient toujours réparées. Il est amusant de voir une maison qui a été réduite en atomes sortir fièrement des *débris* et devenir indestructible et majestueuse. Mais il serait tout aussi amusant de voir une équipe de constructeurs démolir lentement, brique par brique, un manoir. La fin précéderait toujours le début. Cette astuce pourrait même servir de véhicule à une satire subtile. Une femme de chambre, par exemple, entrerait à reculons dans un salon bien rangé, joncherait le sol de cendre de cigarette, couvrirait les étagères de poussière et dérangerait les papiers sur votre bureau. Il ne faudrait pas non plus que le producteur s'en tienne aux accidents matériels . Il pourrait ainsi décrire le développement rétrograde des émotions et des sensations. Imaginez, disons, une journée vécue à l'envers, comme le film vous le montrerait.

Vous vous leviez de votre lit à minuit et enfiliez avec lassitude vos vêtements de soirée. Vous découvrirez peut-être que vous êtes ivre, mais même si vous passez les deux heures suivantes à une table avec des noix et du vin devant vous, les coquilles des noix deviendront entières et le verre que vous porterez à vos lèvres sera vide ; tandis que le verre que vous avez remplacé avant vous serait plein. En fait, vous vous levez sobre de table. Vous traverseriez des états d'esprit curieux. Vous vous asseyiez pour lire un livre en connaissant l'intrigue, le thème, le traitement ; mais, à mesure que vous lisez, cette connaissance vous échapperait page par page. Et vous vous leviez de votre fauteuil en disant : « Je viens de recevoir ce nouveau livre de Michael Sadleir à la bibliothèque. Je pense que je vais en profiter. Ce pourrait être l'après-midi d'un rendez-vous. Languissant et tranquille, voudriez-vous venir dans les bras de l'amour ; vibrant et avide, voudriez-vous en sortir. Alors que le soleil se dirigeait vers l'est, vous portant à trois heures, vous vous retrouviez assis au chaud et confortablement au Café Royal, un moignon de cigare entre les doigts, un verre de liqueur vide sur la table. Mais dans deux heures, vous replieriez une serviette et diriez à votre invité que vous espériez qu'il avait aussi inhabituellement faim que vous.

Et puis tu te laverais les mains. Au fur et à mesure que vous les séchiez, ils devenaient moins secs jusqu'à ce qu'ils soient complètement mouillés, et vous les placiez, blancs et brillants, dans une bassine d'eau sale, et toute la saleté de l'eau se déposerait sur vos mains, jusqu'à ce que l'eau soit propre. et vos mains étaient sales : et quand l'eau était tout à fait propre, vous en retiriez vos mains et elles devenaient instantanément sèches, sales et inconfortables. Vous enfiliez votre manteau et vous sortiez du restaurant à reculons en direction de votre bureau.

Et ainsi la journée passerait. A votre bureau, vous oublieriez les affaires réglées une heure plus tôt et vous vous renseigneriez auprès de votre secrétaire. À mesure que le soleil se coucherait vers l'est, vous auriez moins faim. Vous vous sentiriez en effet de plus en plus à l'aise jusqu'à ce que vous

vous retrouviez à la table du petit-déjeuner et que vous soyez obligé de regarder votre assiette vide se remplir de rognons, de bacon et de tomates. Enfin, après vous être lavé et rasé, et avoir ainsi redonné à votre menton son aspect rugueux et hérissé, vous étiez couché dans votre lit, les yeux clairs, frais, prêt pour le travail de la journée ; vous regarderiez le soleil se coucher lentement derrière un banc de nuages : « Une journée glorieuse », vous diriez-vous. Vous regarderiez la femme de chambre se déplacer tranquillement dans la pièce ; elle baissait les stores ; la pièce deviendrait sombre. Vous vous sentiriez un peu étourdi, un peu somnolent. Pendant un instant, vous vous demanderiez où vous étiez. On frapperait fort à la porte ; vous vous retrouveriez dans les affres amères d'un cauchemar ; son agonie passerait. Vous sombreriez dans un sommeil profond et serein.

Mais c'est, direz-vous, une journée ordinaire et, dans l'ensemble, peu romantique. C'est l'heure du stress, du délire, de l'agitation, que l'on demanderait à revoir pour revivre le passé. Laissons l'opérateur en finir, dites-vous, avec ce trafic de routine. Laissons-nous transporter vers quelque chose de plus vaste. Il faut faire un choix ? À l'heure donc de cette première danse ensemble, à cette heure dont le souvenir ne pourra jamais nous quitter ; à cette heure que nous n'avons rien connu de plus frais, de plus vif, de plus romantique.

Ainsi soit-il; vous êtes à nouveau dans cette alcôve tendue de soie, dans vos oreilles le son de la musique et le bruit des pieds, dans votre cœur une extase débordante. Laissez la poignée tourner. Vous êtes assis là seul. Le rideau gris est tiré ; elle s'avance vers vous. Vous ne remarquez pas son partenaire. Il s'incline, recule, vous laissant ensemble. Le son de la musique cesse. Il y a un silence. Vos bras sont autour de son cou, vos lèvres sont contre les siennes. Vous vous reculez, vous la regardez dans les yeux, des yeux écarquillés et profonds, noisette, sous la frange des cheveux : les cheveux châtain foncé qui sont bouclés en une boucle tressée autour de ses oreilles ; tu penses à quel point ce serait merveilleux de l'embrasser. Votre main glisse de la sienne et vous parlez avec impatience, joyeusement, et elle vous sourit et vous pensez : « Si cela pouvait durer éternellement. » Vous êtes dans la salle de bal. Elle est dans tes bras. À quoi jouent-ils, vous demande-t-elle, même si vous lui avez dit que c'était « Honolulu Eyes ». Vous n'avez jamais imaginé qu'une valse puisse être ainsi. La vie est soudain une chose très merveilleuse, très précieuse. La musique cesse ; tu es à côté d'elle et tu parles. Vous pensez : « Dans un instant, je vais danser avec elle. Dans un instant, elle sera dans mes bras. Votre hôtesse est à vos côtés. Votre nom et le sien sont murmurés en introduction. Elle s'éloigne, à reculons, à côté de votre hôtesse. Vous pensez : « Je vais lui être présenté. » Elle se tient devant la porte de la salle de bal. On est ébloui par elle alors qu'elle hésite un instant, radieuse dans la robe noire taille basse ; puis elle se retourne derrière le rideau. Et toute connaissance, tout souvenir d'elle est perdu. Vous ne l'avez jamais rencontrée. Vous êtes fatigué et découragé ; la vie est devenue une chose sans valeur, vide. De cette extase élevée, il ne reste rien, si ce n'est au fond un vague ressentiment selon lequel aucun miracle de ce genre ne vous est parvenu.

Et vous en avez assez du film. C'est sans doute très amusant de voir sa vie vécue à l'envers, de retrouver ses anciens enthousiasmes, ses préjugés et sa loyauté. Mais c'est une affaire plutôt cruelle, le soir tombant avant l'aube ; les amitiés doivent se terminer à l'heure où elles commencent ; le premier baiser doit toujours être le dernier ; et vous vous asseyez sur votre chaise et faites des parallèles inconfortables et vous vous demandez si la vieillesse n'est pas plutôt comme ça : le renversement du film. S'il n'arrivera pas un moment à quarante-cinq, à cinquante ou à soixante ans où vous vous retrouverez assis au banquet, confiant et heureux, en harmonie avec vous-même et avec vos compagnons, rempli des bonnes choses de la vie. Et puis lentement, la roue tournera. La scène du repos passera. Vous cesserez progressivement de vous rassasier de bonne nourriture et de bon vin. Vous aurez un peu froid, un peu faim. Vous vous retrouverez parmi des étrangers ; vous serez embarrassé et malheureux, et vous vous lèverez de table avec le *mauvais quart d'heure* devant vous.

Une comparaison tirée par les cheveux et qui, sans doute, ne résistera guère à l'examen. Morbide aussi, peut-être, mais c'est alors le privilège de la jeunesse de faire une « copie » de ses cheveux gris. Il est naturel que notre imagination s'envole comme un éclaireur devant nous dans le pays où nous devons voyager. L'âge est aussi réel pour nous maintenant que notre jeunesse le sera pour nous lorsque nous serons vieux. C'est lointain, inconnu : romantique donc. Comment nous arrivera, nous demandons-nous, cette épreuve qui doit nous faire ou nous défaire ? Avec quels mots s'adressera-t-il à nous, sous quelle forme se présentera-t-il ? Avec quelle armure serons-nous défendus ? Allons-nous passer avec irritabilité, ressentiment, avec luttes, vers l'âge mûr ? Devons-nous pleurer, comme le fait un enfant de la crèche, impuissant, à cause d'un jouet cassé ? Devons-nous frapper nos mains contre les grilles du jardin enchanté ? Il est inconcevable qu'il n'y ait pas un tel moment de rage, d'amertume et de frustration. Mais est-ce que cela sera lent à passer ? C'est la question que nous nous posons. Aura-t-on du mal à hausser les épaules, à dire : « Le vin est différent, mais il est quand même bon ».

Nous cherchons notre réponse dans la compagnie de l'âge. De vénérables messieurs aux cheveux blancs, qui passent leurs après-midi endormis dans les bibliothèques de leurs clubs, sont pour nous des messagers de ce pays lointain. Ils connaissent la géographie du chemin que nous devons parcourir. Ils ont laissé beaucoup de choses derrière eux sur la route. Eux aussi ont connu autrefois le courage, le danger et l'ambition. Mais il n'est pas dommage que nous les apportions pour la perte de cette riche marchandise. Nous n'opposons pas consciemment leur lassitude à notre vigueur, notre espoir à leur résignation, leur faiblesse à notre capacité. Nous venons avec une humble curiosité ; y a-t-il du réconfort, leur demandons-nous à cette dernière taverne : La vie est une bonne affaire ; vous avez beaucoup perdu ; l'échange vous contente-t-il ?

Et ils nous en disent si peu. Ils se vantent de manière extravagante de leur jeunesse, de leurs exploits, de leurs bravoures et de leurs désastres. « Nous avons vécu, combattu et souffert, et la vie était belle. » Mais ils exagèrent le rôle. Ils en sont trop enthousiastes. Nous sommes ce qu'ils étaient autrefois, et nous savons que c'est une entreprise bien moins extatique qu'ils voudraient nous le faire croire. Lorsqu'ils font appel à notre sympathie, nous sentons qu'ils s'amusent plutôt plutôt dans l'ensemble. Après un certain âge, les gens semblent perdre le pouvoir de l'autocritique. Ils ne placeront pas leur vie telle qu'ils l'ont faite à côté de celle qu'ils avaient espéré la faire. Ils prétendent être quelque chose qu'ils ne sont pas. Au lieu de se retrouver, ils se perdent.

Mais de temps en temps, on rencontre un vieil homme qui vous dira la vérité sur lui-même, qui ne tentera pas de dramatiser sa vie, qui fera face au passé comme autrefois il pouvait faire face à l'avenir, les yeux ouverts. C'est un tel homme que j'ai le privilège de compter parmi mes amis. Nous nous retrouvons de manière informelle, une à deux fois par mois, dans notre club à l'heure du déjeuner. Et généralement, nous nous asseyons ensuite ensemble autour de notre café et de nos liqueurs. Et l'été, nous pouvons observer depuis la terrasse les eaux grises du fleuve couler lentement au-dessous de nous, emportant sur sa surface boueuse bateaux de plaisance, vagabonds et paquebots, les emportant vers la mer ou le port. Et il nous est facile d'y parler de la dérive et de la précipitation, du trafic et de la confusion de la vie humaine, et de ce rythme constant qui fait de la discorde l'harmonie.

Il parle toujours sans prétention, toujours avec assurance, comme devrait le faire un homme qui a atteint l'équilibre.

« La vie m'est toujours aussi amusante, dira-t-il, aussi surprenante, aussi aventureuse qu'elle l'était il y a trente ans. Je suis le spectateur, et c'est la seule différence. Je m'assois « tranquillement » dans l'ombre et trouve la réponse à beaucoup de choses qui, quand j'étais jeune, m'intriguaient.

« A soixante ans, on cesse de faire l'amour, si l'on est sage. *Sur fait voyeur* et les femmes lèvent leur masque. C'est notre récompense pour la perte de la jeunesse : ce privilège de confiance.

Il me parle de ses amis qu'il a le loisir d'observer et de comprendre, et notamment d'une certaine dame qui a parfumé le charme de la jeunesse du veuvage.

« Un homme de mon âge, dit-il, peut parler de toutes choses, même d'amour, avec toute la convenance d'une personne jeune et séduisante. Et alors que je suis assis à côté d'elle dans ce salon doucement éclairé, dans ce crépuscule de lilas et de lavande, avec le son d'une voix de femme autour de moi, et devant mes yeux la beauté des cheveux bruns, des yeux noisette et une bouche boudeuse, et dans mon cœur le savoir qu'elle pouvait aimer, je pense qu'autrefois j'aurais dû être prisonnier d'une seule impulsion, et je me dis que je suis plus heureux maintenant, assis là, à l'écouter tandis qu'elle me dévoile son âme comme il y a trente ans elle aurait pu révéler son corps.

« — Cela n'en vaut pas la peine, mon cher Gérald, dira-t-elle ; 'vraiment, ça n'en vaut pas la peine. Il y a si peu d'harmonie, tellement de frictions. On y lit des histoires de coup de foudre, de gens se précipitant dans les bras l'un de l'autre. Mais à quelle fréquence cela arrive-t-il ? La moitié du temps, nous essayons de faire tomber amoureux de nous un homme indifférent, et l'autre moitié de nous débarrasser d'un homme qui commence à nous lasser. C'est toujours la meme chose.'

« Il y a une pause, et elle s'appuie contre la pile de coussins avec un petit soupir mi-ennui, mi-irritable.

« « Il y avait Roger, maintenant », dit-elle. « Au début, je ne m'intéressais pas du tout à lui. Je pensais qu'il était grossier et mal élevé, et il me harcelait tellement pour que je sorte avec lui. Et quand je sortais, j'étais oh ! tellement ennuyé. Il n'a jamais rien dit : il s'est juste assis en face, me regardant avec des yeux avides et adorateurs, et puis un jour il m'a embrassé. Je n'oublierai jamais ce moment. Nous étions debout, après une partie de tennis, à l'ombre de ce grand chêne au bord du lac de Barolin, appuyés contre le pont, et soudain j'ai senti ses doigts sur mes bras, durs et impérieux. J'ai été balancé contre lui. «Espèce de petit imbécile», dit-il, «j'en ai marre de ça. Tu dois m'aimer ! Et puis il m'a embrassé.

«Il y a seulement une semaine, elle me l'a dit. Les yeux écarquillés et lumineux étaient dilatés et très tendres ; les lignes de la bouche boudeuse devinrent plus douces et moins sensuelles. Puis elle haussa les épaules et redevint l'enfant irritable et cynique du plaisir. «Mais après», soupira-t-elle.

« Mais vous avez eu ce moment », dis-je, et j'ai commencé à citer Meredith : « « L'amour qui nous avait volé des choses immortelles. Mais elle m'a interrompu. « Je sais, je sais, mais j'ai dû le payer et je me demande si cela valait le prix. Hommes et femmes, ce ne sont que des chemins qui se croisent puis suivent leur propre chemin. Nous avons vécu un moment de parfaite harmonie ; puis Roger s'est lassé de moi au moment même où je commençais vraiment à l'aimer. Même si je savais qu'il ne m'aimait pas, j'ai essayé de le garder ; et c'est dégradant, ça blesse l'estime de soi. C'est toujours comme ça, ou bien c'est l'inverse ; on veut un homme, on le courtise, on lui fait l'amour ; et puis dès qu'on l'a, on en a marre de lui.

« — D'où, dis-je, on peut déduire que vous trouvez Paul un peu trop exigeant.

« Les yeux noisette lançaient un regard de reconnaissance reconnaissante.

« ' Il n'y a rien chez cet homme, ma chère, qui ne m'exaspère absolument, et il ne me laisse pas tranquille. Il m'appelle à chaque heure de la journée ; il m'envoie des lettres par messager spécial. Je ne peux pas m'éloigner de lui. Il me semble incroyable qu'il y a dix-huit mois je ne pouvais pas être heureux loin de lui ; que je ne pouvais penser à rien d'autre qu'à lui ; que mon cœur battait à chaque fois que j'entendais frapper le facteur, à chaque fois que la cloche du téléphone sonnait. Je ne sais pas comment c'est arrivé. Sa femme, je pense, en grande partie. Je la détestais, la grosse vache, si dominatrice et peu féminine. Je détestais la manière exclusive avec laquelle elle disait « mon mari ». Je voulais l'humilier. Il y avait aussi de la pitié là-dedans : Paul avait l'air si désespéré alors qu'il s'arrachait la barbe pendant que la voix de sa femme résonnait à travers la table. Mais il est déjà assez difficile de savoir ce que l'on ressentait il y a un an et demi, sans parler du « pourquoi ». Je le voulais; c'est tout ce qui compte. Je le voulais. Cela a pris du temps : peu à peu j'ai épuisé sa réserve. Je sentais sa sympathie, son intérêt pour moi se changer en tendresse. Sa voix était comme une caresse timide. J'avais envie de me jeter dans ses bras ; être entièrement à lui; lui donner de l'amour comme aucune autre femme ne lui en avait jamais donné ; et puis, en quelques mois, il était devenu comme tout autre homme. Ils sont tous pareils une fois le glamour passé. Et, bien sûr, j'ai commencé à compter chaque jour davantage pour lui ; un flux incessant d'appels téléphoniques et de messagers spéciaux ; notes désespérées et implorantes. Il doit me voir. Il ne pouvait pas exister loin de moi. Et à chaque instant, je me lassais de plus en plus de lui ; il m'exaspérait avec sa voix douce et ses mains de femme. J'ai commencé à détester tout ce que j'avais aimé chez lui auparavant : sa faiblesse, sa méfiance, son apitoiement sur lui-même, ses références incessantes à sa femme : comment elle le harcelait ; comment il dépendait d'elle; combien cela briserait le cœur de son père s'il la quittait ; comment il ne pouvait pas supporter de quitter son enfant. Je suis devenu aussi impatient à l'égard de ces deux mots « ma femme » qu'à l'égard de ce mot exclusif « mon mari ». J'avais envie de lui crier : « Pour l'amour de Dieu, sois un homme ! » J'ai essayé de le rendre jaloux en lui parlant d'histoires d'amour antérieures. Personne, pas même toi, Gerald, n'en sait autant sur moi que lui. Je lui ai raconté toutes ces petites choses intimes qui auraient amené n'importe quel autre homme à me détester ou à se détester parce qu'il m'aimait. Mais rien ne l'émouvait.

« » Je lui ai raconté une fois une dispute que j'avais eue avec Roger. Roger avait menacé de me quitter, de ne plus me revoir. Je n'ai rien dit. Je me tenais droit devant lui, le regardant dans les yeux ; puis, d'un geste brusque, j'arrachai de mes bras la douce soie de ma robe du soir et restai là, les épaules nues, la peau blanche tachée des meurtrissures de nos ébats amoureux. Nous restions là, nous ne disions rien, mais nous lisions dans nos yeux ces choses de la mémoire pour lesquelles il n'y a pas de mots. Puis il fit un rapide pas en avant, me prit dans ses bras et mit fin à notre querelle. Je l'ai dit à Paul. «Il y avait un homme», lui dis-je. Je lui ai lancé ces mots comme on lance un gant pour un défi. Mais il n'a pas riposté. Il n'a dit aucune des choses qu'il aurait pu dire. Il vient de me prendre la main. « Margaret, dit-il, je ne peux pas t'aimer de cette façon ; chaque homme a sa façon d'aimer, et ce n'est pas la mienne. Mais à ma manière, je t'aime plus que les autres. Croyez-le, ma chère, je le fais… je le fais ! '

« – Que devais-je faire, Gérald, que devais-je dire ? J'ai été ému. Quelle femme ne le serait pas ? J'ai senti un cochon, je l'ai embrassé et je l'ai laissé me faire l'amour. C'est le pire de ces gens-là : ils se mettent sous surveillance ; ils en désarment un ; on ne peut pas leur faire de mal ; ils sont trop faibles ; et, oh ! Gerald, c'est plus que je ne peux supporter. C'est odieux d'avoir un lâche pour amant : je préférerais de loin être le jouet d'un homme fort. Je n'arrête pas de me dire : "Margaret, ma fille, tu dois en finir avec ça." Mais je ne peux pas. Il finit toujours par me contourner. Vous ne pouvez combattre que ce qui est plus fort que vous.

« Elle s'arrêta, essoufflée, rouge, les yeux brillants, incroyablement attirante. Puis, d'une voix soudaine et châtiée : « Oh ! Gérald, Gérald, pourquoi les gens ne suivent-ils pas le rythme de l'amour, pourquoi ne tombent-ils pas amoureux en même temps et ne tombent-ils pas amoureux en même temps ? Pourquoi faut-il que ce soit une course dans laquelle tout le monde est handicapé et commence à des heures et à des rythmes différents, alors que tout est une poursuite et une poursuite, et qu'il n'y a que quelques mètres de course côte à côte ?

«Jamais auparavant, je pense, elle ne s'était révélée aussi complètement à moi, ou il serait peut-être plus vrai de dire que jamais auparavant elle n'avait révélé cette facette particulière de sa personnalité. Elle était devenue soudain une femme nostalgique et incertaine, effrayée par sa mortalité, attristée par le contraste entre le rêve et la réalité, par le passage des bonnes choses.

«Je restais assis à la regarder, silencieux sous le charme de sa beauté, me demandant ce qui allait se passer ensuite, quand, d'en bas, retentissait le faible tintement d'une cloche électrique, le bruit d'une porte qui s'ouvrait, le doux mouvement des pieds sur Axminster.

« « M. Paul Johnson, madame ! »

« Il y a eu une pause. J'ai vu un regard, moitié terreur, moitié soulagement, traverser le visage de Margaret ; puis elle parut se ressaisir. « Très bien, Parker, dit-elle, faites-lui venir.

«Je me suis levé pour partir. Mais elle a tendu la main pour nous réprimander.

« « Non, s'il vous plaît, Gérald, non », dit-elle d'une voix agitée et nerveuse. « C'est peut-être… je ne sais pas… je préférerais que tu restes.

«Je connaissais Paul Johnson depuis longtemps. Je l'avais vu passer d'un jeune silencieux à un homme timide et inefficace ; J'avais été présent à son mariage ; et je m'étais senti vaguement désolé pour lui en serrant la main de sa fiancée et en scrutant pendant un instant la rigueur dure de sa bouche. J'avais constaté son absence du club, et j'ai appris plus tard sa démission. De temps en temps, je l'avais vu lors de dîners et de garden-parties, toujours silencieux, presque timide, ses yeux suivant timidement sa femme. Mais je ne l'avais pas revu depuis sa romance avec Margaret. J'étais curieux de savoir si cela l'avait modifié, s'il était plus homme, plus confiant, ou s'il avait été bouleversé, brûlé, ratatiné par la flamme brûlante de son amour pour lui.

« Son apparition, alors qu'il restait un instant indécis au centre de la pièce, se balançant d'un pied sur l'autre, avec un doigt pinçant le bouton du bas de son gilet et son autre main levée pour caresser les boucles de sa barbe. , m'a donné un petit guide sur tout changement que les dix-huit derniers mois auraient pu opérer en lui. Il était visiblement en proie à une émotion, une émotion qui effaçait les caractéristiques aléatoires de l'environnement. C'était un homme blessé, effrayé, désespéré. Sans reconnaître ma présence, sans même avoir l'air de me remarquer, il commença à débiter un flot de paroles avides.

« Oh , Margaret, ma chère ! Mon cher! Je ne sais pas quoi faire, c'est terrible après tous ces mois, après tout ce que nous avons été les uns envers les autres, que cela arrive. Oh! Mon cher! Mon cher!'

«Il a trébuché vers elle, s'est assis sur le bord du repose-pieds à ses pieds et a penché son visage en avant dans ses mains.

« Elle posa sa main sur son épaule.

« « Qu'est-ce qu'il y a, Paul, chéri ? »

« Sa voix était douce et caressante : la note de colère et d'impatience en avait complètement disparu. «C'est ainsi qu'il la reconquérira toujours», pensais-je. « Il est faible et lui fait plaindre, une sorte de maîtresse maternelle.

« Et encore une fois sa voix dit doucement : 'Qu'est-ce qu'il y a, ma chérie, dis-moi ?'

« Pour répondre, il plongea la main dans sa poche de poitrine, en sortit une lettre et la lui tendit.

« – Lisez ça, dit-il. « Ça expliquera tout. Quelqu'un a écrit à ma femme et lui a parlé de nous. Vous verrez, c'est là, lisez-le !

« Elle a pris la lettre, un petit truc de cinq lignes, non signé, non daté. Ses joues rougies, elle se tourna vers lui et posa sa main sur la sienne. "Oh, Paul!" elle a dit : « Paul !

« Il y a eu un silence poignant et dramatique. Puis il reprit la parole sur le ton calme du désespoir.

« « Il n'y a rien à faire ; tu sais comment ça se passe avec moi. Je suis faible, j'ose le dire, mais je devrai faire ce que veut ma femme. Il y a mon père, tu vois : ça lui briserait le cœur, et notre enfant, je ne peux pas le laisser avec ma femme ; Je ne peux pas, je lui dois beaucoup.

« — Alors, c'est fini, Paul ?

« Il a hoché la tête, et j'ai pu voir, au pâlissement soudain de la chair, à quel point ses doigts pressaient les siens. Il me semblait qu'au moment de la séparation ils avaient retrouvé l'extase de leurs premières étreintes : qu'ils étaient plus proches maintenant qu'ils ne l'avaient été depuis plusieurs mois.

«Je me suis levé de ma chaise.

«   Au revoir, Margaret, ma chère, » dis-je. 'Au revoir!'

« Elle n'a rien dit, mais les yeux qui ont rencontré les miens étaient sombres et très tendres.

« Et en marchant dans la rue, je réfléchissais aux contradictions, aux inégalités de la vie. Il y a seulement quelques minutes, elle priait pour se débarrasser de lui, et maintenant elle ne pouvait rien demander de mieux que d'être pour toujours dans ses bras.

Il fit une pause ; pour commentaire ; pour les encouragements.

"Et la suite ?" J'ai dit.

Il a souri.

« Trois jours plus tard, dit-il, je l'ai rencontrée chez un ami.

« Je lui ai dit.

"Elle acquiesça.

« « Et avez-vous une idée de qui a écrit la lettre ? »

« Elle ne répondit rien, mais un sourire curieux apparut sur ses lèvres et dans ses yeux, un sourire à la fois rusé, à moitié fier et à moitié triomphant.

« — Je me demande, continuai-je, si c'était un homme ou une femme. Une femme plus probablement. Constance, peut-être, ou Mme Berridge, ou Marjorie Godwin… Marjorie était autrefois amoureuse de lui, alors ils ont dit que ça aurait pu être elle.

« Je ne devrais pas le penser ! » Et le sourire curieux s'approfondit, devint plus déroutant, plus évocateur, plus triomphant.

« Soudain, j'ai eu une vague d'intuition ; nos regards se sont croisés dans le regard de deux conspirateurs qui partagent un secret.

« « Margaret, dis-je, c'est toi qui as écrit cette lettre.

« Le sourire curieux est devenu infiniment suggestif. « Mais, ma chère, dit-elle, bien sûr. »

XIV

je le boive bien, ce vin d'après-bataille ! Nous ne jouons au football, je pense parfois, que pour cette heure d'indolence et d'épuisement, où nous nous allongeons confortablement après un bain chaud, raides et fatigués, pour recommencer la lutte de l'après-midi. Il est bon de terminer nos manches tôt et de s'asseoir dans le pavillon avec une pinte au coude pendant que nous regardons nos successeurs se battre au soleil, et si nous en avons fait quelques-uns, le monde est un endroit très convivial. Cela vaut la peine de se donner du mal en plein air, ne serait-ce que pour ce sentiment de sécurité et de contenu. Il n'y a alors aucune tentation de râler et de se sentir jaloux de ceux dont les guichets sont encore intacts et dont les manches sont devant eux. Et cela vaut la peine, pendant ces quinze années environ, où nous serons au-dessus de la bataille, de profiter au maximum de notre jeunesse pendant qu'elle est parmi nous. Si nous nous réalisons, si nous vivons pleinement maintenant, nous serons plus sociables, plus généreux, plus bienveillants lorsque les artères commenceront à s'épaissir. Nous pourrons regarder la jeune génération en face. Nous l'accueillerons comme un hôte doit le faire, avec courtoisie. Si nous sommes sages maintenant, ou plutôt si nous faisons preuve de sagesse dans notre indifférence, nous trouverons nos dix dernières années les plus heureuses de toutes.

Il y a en effet des moments où nous sommes enclins à accueillir favorablement les infirmités et les immunités de l'âge.

Pendant la grève du charbon de 1921, mon peloton protégeait la propriété de la Shell Motor Spirit Company à Newcastle. C'était un endroit assez lugubre, au bord de la rivière. Il y avait une longue rangée de maisons de mineurs entre mon cantonnement et la salle des gardes, et après le thé, les femmes s'asseyaient sur le pas de leur porte et discutaient entre elles, pendant que les enfants jouaient sur une bande d'herbe qui courait sombre jusqu'au bord de l'eau. Au-delà d'une surveillance plus ou moins mécanique, j'avais très peu de travail à faire et, le soir, je me tenais sur la chaussée et regardais le crépuscule se lever lentement de la rivière, pour adoucir les contours austères de la cheminée et de l'usine. Je me sentais seul et un peu mélancolique alors que le crépuscule s'installait caressant sur les pauvres maisons que le soleil avait rendues si ternes. La soirée est toujours belle. Et j'avais l'habitude de m'offrir à l'heure du sentiment des rêveries romantiques sur une jeune et charmante fille qui, soir après soir, tricotait à côté de sa mère.

Je ne me souviens plus d'un seul trait d'elle ; qu'elle soit brune, blonde ou grande : mais il me semble me rappeler vaguement qu'elle était ronde et que la lumière dans ses yeux était espiègle. Je pensais à quel point une histoire d'amour égayait agréablement l'ennui de la routine militaire. Je n'avais pas, qu'il soit bien entendu, la moindre intention de me lancer dans une telle entreprise. Au pire, cela aurait été un comportement peu militaire. Les préliminaires, en tout cas, se seraient déroulés sous les yeux de mon peloton. Et un officier ne doit pas encourager le simple soldat à soupçonner qu'il est un être de la même argile et des mêmes instincts. Il y a beaucoup à dire sur la convention Ouida de la bière à la cantine et du champagne au mess.

Mais les rêves sont des choses agréables, et mon imagination créait une foule de situations romantiques dans lesquelles cette fille et moi pourrions nous retrouver un jour plus tard. Je ne sortais jamais de mon cantonnement sans une légère accélération du pouls. "Est-ce qu'elle sera là?" Je me suis demandé. "Est-ce qu'elle sera aussi jolie qu'hier?" Une fois, elle me sourit, et ma vanité commença à se demander si elle ne regrettait pas, elle aussi, qu'il y ait entre nous la barrière du grade militaire. Peut-être qu'elle aussi réfléchissait avec mélancolie, au crépuscule, aux inégalités de temps et de lieu. Peut-être rêvait-elle aussi d'une rencontre romantique dans une ruelle au printemps sur les falaises de Cornouailles.

"Toi!" Je devrais haleter. Et nous devrions rester immobiles, à nous regarder. Et puis nous devrions tous les deux commencer à parler avec enthousiasme en même temps. «Je voulais tellement te parler», devrais-je dire.

«Moi aussi», répondait-elle. Et nous devrions marcher ensemble, bras dessus bras dessous, le long du chemin longeant les hautes falaises, restant peut-être silencieux pendant un moment, attristés par la permanence de ces hautes falaises. Ainsi l'étaient-ils hier, ils le seraient demain ; leur silence pourrait bien ressembler à une critique de notre enchantement.

Mais ce chagrin éphémère passerait assez vite, sous le soleil éclatant d'une journée d'avril. Et elle me disait qu'elle n'était pas vraiment la fille d'un mineur de Tyneside, mais d'un pauvre écuyer de campagne, mariée à un riche cad, en partie pour régler un compte en souffrance. « Je n'ai pas pu le supporter, disait-elle, je me suis enfuie. Mais il m'a trouvé, il m'a ramené. Il est avec moi maintenant à l'hôtel de Boscastle.

Mais elle ne devrait jamais revenir vers lui. Nous devrions nous précipiter à Padstow et prendre le prochain train pour la ville. Je devrais me dépêcher chez Grant Richards. « Problème, devrais-je dire, je pars demain en Autriche. Je dois avoir cent livres d'un coup. Mon adresse à personne. Une histoire formidable, me semblait-il, qui se terminait peut-être par un duel sur les marches d'un hôtel viennois. J'avais en effet déjà commencé à me demander à quel éditeur je devrais m'adresser pour son scénario lorsque le rêve se serait brisé.

Je l'ai repérée, peu avant l'extinction des lumières, appuyée dans le coin sombre d'un mur, contre la poitrine battante d'un jeune sergent suppléant.

Si j'avais eu soixante ans au lieu de vingt-deux, j'aurais sans doute été très ému par cette découverte. Je n'aurais même pas dû m'inclure dans ma rêverie romantique. J'aurais dû choisir un membre séduisant de mon peloton et ordonner qu'il tombe amoureux d'elle, j'aurais dû regarder leurs ébats amoureux avec ce mélange d'intérêt subjectif et objectif avec lequel nous regardons les ébats amoureux du cinéma et du cinéma. scène, j'aurais dû m'identifier, à travers mon imagination, à leur ravissement. Cela aurait été une focalisation sur moi-même, comme l'est l'écriture d'une histoire d'amour quand, pour un temps, on cesse d'être soi, ou peut-être on devient plus véritablement soi-même dans la personne de son héros et de son héroïne .

Il faut cependant que la mer soit agitée avant d'atteindre les eaux calmes du port. De nombreuses histoires de premier amour ont été écrites, mais je ne me souviens pas pour le moment d'une seule histoire de dernier amour. Je ne parle pas du « Père Goriot » ou du « Pauvre Gens » ; les amours « gaga ». Je veux dire une histoire d'amour déterminé et imposant ; un amour à l'aube fin, frais et vigoureux ; mais cela arrive trop tard dans la vie, qui pille les dernières années de la virilité, qui se gaspille et s'épuise ; mais auquel son objet s'accroche désespérément, sachant que c'est pour la dernière fois, sachant qu'il n'aura pas la foi, la force, la confiance pour recommencer. Et ça doit venir très souvent, un tel amour ; doit être, le plus souvent, une étape inévitable dans le développement naturel de l'homme ; doit marquer le passage de la frontière entre la cinquantaine et l'âge.

Prenons comme exemple un homme riche d'une cinquantaine d'années, un homme politique disons, aux cheveux gris, à la barbe grise, au visage fort, massif et fortement ridé. Sa deuxième fille est mariée depuis deux ans. Il est émotionnellement détaché. Sa femme n'est pour lui depuis de nombreuses années qu'une simple compagne. Il ne peut plus vivre comme il avait vécu dix ou douze ans auparavant, chez ses filles. Il commence à se lasser quelque peu des évasions, des tromperies et du manque de sincérité de la politique des partis. Il rencontre chez un ami une jeune fille qui a des idées pour monter sur scène. Il n'est pas difficile de comprendre leur attirance l'un pour l'autre. Elle est petite, délicate, avec des cheveux de lin clair coupés bas jusqu'au cou et tirés fermement en arrière de son front, de sorte qu'ils peuvent s'enrouler largement comme des fleurs en grappes autour de ses oreilles. Ses yeux sont bleus, d'un bleu pâle et bleuet ; elle n'est peut-être pas jolie ; c'est le genre de fille qui aurait l'air très ordinaire sur une photo, car le charme de ses traits réside dans leur mobilité. Elle n'est jamais tranquille. Elle écoute ou parle avec impatience, et ses rires sont rapides et courts, comme des virgules dans sa conversation. Il y a un gouffre de plus de trente ans entre eux. Mais son innocence répond à son expérience. Il peut lui apprendre tellement de choses. Et pour lui l'avidité de vivre, la curiosité, la fraîcheur, l'enthousiasme de ces yeux dansants et de ces lèvres rieuses parlent d'un pays dans lequel il ne voyagera plus jamais.

Il la gagne comme elle serait gagnée. Il n'y a aucune méfiance, aucune hésitation dans sa courtisation. Ils déjeunent ensemble ; il n'y a pas de mot d'amour entre eux. Il parle de lui et non d'elle ; des hommes qu'il a connus, des lieux qu'il a visités, de ses débuts en politique ; sa première campagne, ce renversement d'une majorité de deux mille voix. Il mentionne avec désinvolture comme hommes de sa connaissance les grands hommes de l'heure. Et tandis qu'il parle, le charme de sa domination s'abat sur elle. Elle n'analyse pas la sensation, ne se demande pas si elle est amoureuse de lui ou non. Mais elle sait qu'il y a là un homme en qui elle pourrait se confier, dans les bras duquel elle trouverait sûrement et pleinement le soulagement de l'abandon.

Deux jours plus tard, ils dînent ensemble. C'est la première fois qu'elle se rend au Savoy. Elle est ravie et effrayée par l'éclat des lumières, et est grandement reconnaissante de la main qui la guide à son coude. Dans cette nouvelle atmosphère de luxe et d'étalage elle ressent plus que jamais le besoin de son expérience. Elle remarque avec fierté et plaisir l'assurance avec laquelle il suit le garçon qui s'incline jusqu'à leur table au fond de la salle, et il ne la gêne pas en lui tendant un menu et en lui demandant ce qu'elle va choisir. Il décide de ce qu'ils auront. « Un dîner savoureux, je pense, dit-il, du caviar ; une soupe de tortue et *de la truite au bleu* et un faisan, et peut-être, oui, je pense que nous aurons une sarriette aux anchois pour finir. Et une bouteille de ce 103. » Quatre-vingt-dix secondes et c'est fini. C'est elle cette fois qui parle. Elle est heureuse et excitée, et elle lui parle de ses ambitions, de ses espoirs de s'engager dans une compagnie de tournée. « Ce ne sera pas très amusant, dit-elle, mais je ferai connaissance avec les gens et j'acquérirai de l'expérience. » Il sourit. « Nous devons voir ce que nous pouvons faire pour vous », dit-il.

Ils dansent ensuite, et elle découvre, comme elle s'y attendait, qu'il danse bien, bien que de manière conventionnelle, en suivant de près le modèle de la musique. Elle est bercée par le rythme de la danse, soutenue par la pression de sa main sur son épaule. Elle rate son pas une fois et son orteil heurte son cou-de-pied. Il s'excuse, mais sur un ton qui lui rappelle que c'est sa faute, pas la sienne. Et pour la première fois de sa vie, elle se contente d'être corrigée. Il ne lui fait aucun aveu d'amour alors qu'ils rentrent chez eux en taxi, mais juste avant que la voiture ne ralentisse devant sa porte, sa main se ferme fermement sur la sienne. « Mercredi donc, à une heure », dit-il. Elle hoche la tête, faible, heureuse et soumise.

On ne parle jamais de mariage. Il a sa carrière politique. Il y a ses filles. Pour eux, il doit garder son nom à l'abri du scandale. Et même s'il était libre, il est peu probable qu'elle veuille l'épouser. Plus de trente ans à eux deux. Elle ne voudra pas passer certaines des meilleures années de sa vie à soigner un vieil homme. Mais elle est contente que tant que dure leur amour, il lui accorde sa protection. Pendant un moment, ils sont merveilleusement heureux. Dans ses bras et contre ses lèvres, elle entre dans le riche royaume de sa féminité. Grâce à elle, il reconquiert les pays perdus de sa jeunesse.

Ce sont des jours heureux. Il l'emmène dans des restaurants dont elle ne connaît que le nom, des lieux sur lesquels son imagination a répandu les hautes couleurs du romantisme. Ils vont au théâtre, aux bals, au music-hall, et ils savent toujours que les attend le petit appartement qu'il lui a si joliment meublé et où leur amour fait passer les heures sur des pieds si vite chaussés de sandales.

Elle abandonne naturellement son projet de rejoindre une compagnie de tournée. Pendant quelques mois, en effet, elle oublie son ambition dans son bonheur, et au moment où elle recommence à ressentir l'attrait de la peinture grasse et des feux de la rampe, l'influence et la richesse de son protecteur lui ont trouvé un rôle de premier plan dans la vie. une prochaine production du West-end. Elle est merveilleusement reconnaissante, merveilleusement heureuse. Les jours d'excitation à l'approche de la première nuit sont presque plus qu'elle ne peut supporter, et cela signifie beaucoup pour elle d'avoir à un tel moment un bras fort autour de ses épaules et dans ses oreilles le son d'une voix ferme.

Elle n'avait cependant pas besoin de craindre l'échec. C'est une bonne pièce et elle a du talent. Mais c'est au moment même de son triomphe que son amant est, pour la première fois, effrayé. Il se tient dans l'ombre de la loge et la regarde sur le devant de la scène se pencher, au-dessus d'une rangée de bouquets, devant un public enroué de cris. Il voit soudain le cœur de leur relation. Il la voit comme une jeune femme au début de sa carrière, fraîche, rayonnante, enivrée par la sensation d'un premier succès. Et c'est un homme vieillissant, avec le meilleur de la vie derrière lui. Comment peut-il espérer la garder ? Elle va se retrouver désormais au centre d'un cercle de personnes brillantes et charmantes. Elle sera invitée dans des maisons où, pour le bien de sa réputation, il ne pourra guère l'accompagner. Maintenant qu'elle est une personnalité publique, il doit faire attention à sa réputation et à la sienne. Il ne pourra pas autant se déplacer avec elle. Elle se fera ses propres amis. Elle l'oubliera. Il aura été un tremplin dans sa vie ; rien de plus.

Pour lui, il n'y a plus dans leurs amours un réconfort solide et satisfaisant, seulement un moment occasionnel où il peut oublier. La vie la rattrape. Elle organise des déjeuners et des fêtes le week-end. Et, dès que le rideau tombe, on l'emmène danser chez Murray ou chez Ciro. Les noms de ses nouveaux amis, prénoms pour la plupart, sortent de sa langue à chaque détour de sa conversation. Il n'en connaît aucun ; ils lui sont étrangers. Et il se rend compte que maintenant qu'elle a trouvé ses marques dans le monde, il a perdu son emprise sur elle. Elle n'a plus besoin de son aide. Il ne peut pas exercer l'influence dominante de l'expérience et du succès. Elle a probablement déjà commencé à le considérer comme un vieil homme.

Lui est-elle toujours fidèle, se demande-t-il. Il sait quelle est la morale du salon : une intrigue après l'autre. « Et les personnes concernées, se rappelle-t-il, sont toujours les dernières informées de quoi que ce soit. » Il s'enquiert furtivement de ses amis particuliers. Il se retrouve à écouter dans son club les réminiscences fastidieuses de tragédiens obsolètes. Il demande à des connaissances fortuites dans le train si elles ont déjà entendu parler d'elle. "C'est une merveilleuse découverte", dit-il, "cette nouvelle étoile à l'Adelphi". Et il attend avec anxiété, au cas où l'inconnu aurait quelque scandale à raconter à son sujet. Il la voit très peu maintenant. «Mais vous ne pouvez pas imaginer comment une chose s'ajoute à une autre», explique-t-elle. « Tous ces gens ; c'est la moitié des affaires, et je suis tellement heureux. Et tu veux que je sois heureuse, n'est-ce pas, chérie ? Et chaque jour il devient plus jaloux ; chaque jour, la tension augmente. Nuit après nuit, elle soupe et danse, aux dépens des autres ; et dans ce monde, les gens ne donnent rien pour rien, surtout ce genre de personne. Il y a des moments où il pense qu'il donnerait n'importe quoi pour en être sûr, pour savoir d'une manière ou d'une autre. Mais il y en a d'autres où il sait que cette connaissance est la seule chose qu'il éviterait. Il est presque certain qu'il y a quelque chose entre elle et ce jeune avocat avec qui il l'a vue dîner dimanche dernier à Berkeley. Mais il n'ose pas s'en assurer. Il n'ose pas être obligé de rompre avec elle.

Car il sait que s'il rompait avec elle, il devrait dire adieu à l'amour pour toujours. Il sait qu'il n'a ni la foi ni la force de recommencer. Il a vécu dix ans au cours des dix-huit derniers mois, et dix années le rapprochent beaucoup des limites prescrites pour l'endurance d'une vie. Il ne peut plus dire, comme il le pouvait au début des années quarante, ce qu'est une histoire d'amour, le monde n'est-il pas plein de dames au cœur libre ? C'est la dernière fois, la toute dernière. Il n'a pas le courage de dire adieu au plaisir.

Et puis un soir, la vague de jalousie est à son paroxysme. Il y a une séance toute la nuit à la Chambre et il se rend à pied de son club à Westminster. Il est un peu plus de onze heures. Les théâtres se vident à Piccadilly. Les trottoirs sont bondés. Dans les rues, les voitures et les taxis pressent leurs occupants à la recherche de divertissements supplémentaires. Il suit avec envie la vue momentanée des intérieurs lumineux. Il regrette les longues heures qui l'attendent, sur un banc dur, à écouter des discours ennuyeux. Il souhaiterait peut-être redevenir jeune, oubliant dans l'ivresse du soir les factures et les découverts du matin. Et soudain, il aperçoit, au coin d'un taxi, éclairé soudain par l'éclat d'un réverbère, un aperçu de cheveux blonds tirés en arrière sur un front, de cheveux groupés comme des fleurs autour des oreilles, d'yeux bleu pâle en bleuet, et de lèvres si serrées contre celles d'un homme qu'elles viennent d'être embrassées ou sont sur le point de s'embrasser. Une seconde et le taxi se retrouve à nouveau dans l'ombre.

Lentement, un vieil homme, il se retourne et retourne vers l'ouest jusqu'à Piccadilly. Il ne pouvait pas, après un tel spectacle, supporter le discours superficiel, l'antagonisme irréel de la Chambre. Il doit être seul lors d'une telle soirée avec ses pensées. D'avant en arrière, il arpente son long bureau bordé de livres. Était-ce elle, se demande-t-il. Ce ne fut que l'espace d'une infime fraction de seconde que l'éclat de la lampe révéla l'intérieur sombre. Et il doit y avoir tellement de filles aux cheveux blonds et aux yeux bleu bleuet pâle.

Pas comme les siens, cependant, pas tout à fait comme les siens : jamais nulle part il n'avait vu de tels yeux, de tels cheveux. Et il avait appris au cours de la dernière année à connaître par cœur chaque lumière et chaque ombre changeantes de ces traits aimés. Il ne pouvait sûrement pas se tromper à son sujet maintenant. Mais même si c'était elle, et alors ? Après tout, qu'est-ce qu'un baiser ? Pour certaines filles, cela signifiait tout. Il y avait des filles dont les lèvres, une fois cédées, seraient prêtes à tout abandonner . Il y en avait d'autres pour qui un baiser n'était rien de plus qu'un simple effleurement de la main ; qui s'embrassait par gentillesse, par affection. Et sûrement elle serait l'une d'entre elles, elle qui était embrassée tous les soirs devant mille personnes, sous les projecteurs sur son visage tourné vers le haut, par un homme pour lequel elle avait dans l'ensemble une aversion presque physique. Que pouvaient signifier les baisers pour elle ?

Et pourtant, comme elle avait été timide lorsqu'il l'avait embrassée pour la première fois, il y avait près de deux ans. Elle avait tremblé et s'était assise sur le bord du canapé dans cette pièce privée, ses doigts tirant sur sa jupe, effrayée de le regarder. Cette nervosité était passée assez vite. Mais elle n'était pas alors du genre à échanger des baisers à la légère avec n'importe quel homme. Et si elle l'était devenue depuis, ce changement n'était pas de sa faute.

La lourde pendule en albâtre sur la cheminée sonne. Elle devrait être de retour maintenant. Ils ont si souvent convenu que si une actrice veut être fraîche pour son travail le lendemain, elle ne peut pas danser toute son énergie, nuit après nuit, jusqu'au matin. Ils ont si souvent parlé de la sagesse d'écourter les dîners. "Quelques heures, chérie, c'est tout ce dont on a besoin." Et il y a une matinée le lendemain. Elle sera sûrement rentrée maintenant. Il se dirige vers son bureau et décroche le combiné du téléphone. « Hammerton 5769 », appelle-t-il. L'opérateur répète le numéro. Il est assis là, le combiné contre l'oreille, attendant, attendant le son de la voix rapide et haletante qui endormira toutes ses angoisses. Mais ça ne vient pas. Peut-être qu'elle dort. C'était égoïste de sa part de lui téléphoner. Elle était fatiguée et est rentrée directement à l'appartement après le théâtre. La vision dans le taxi était le produit d'une imagination désordonnée. Il l'aura réveillée. Elle sera en colère contre lui. Il lui enverra des fleurs demain matin et elle lui pardonnera. Mais aucune réponse ne vient. Et après un long délai, une voix masculine endormie l'informe qu'il ne peut « obtenir aucune réponse, monsieur ». Mais il est sûr d'avoir le bon numéro ? "Oui, monsieur, Hammerton 5769."

Il remet le récepteur à sa place. Elle n'est pas là. Elle a le sommeil léger ; elle aurait été sûre de se réveiller. Lui revient le souvenir d'une soirée d'il y a quatorze mois, le soir de son grand discours à la Chambre sur l'Irlande. Il était revenu, impatient et ravi, et il avait senti qu'il devait lui raconter son triomphe. Une voix endormie lui avait répondu, une voix qui avait instantanément perdu sa somnolence lorsqu'elle avait réalisé qui parlait. "Oh, toi, chérie", avait-elle dit. "Oui qu'est ce que c'est?"

Et elle avait écouté attentivement son récit du débat de la nuit.

"Mais je suis un cochon égoïste", avait-il dit, "qui te réveille comme ça."

Et de toute sa vie, il n'avait jamais rien connu de plus intense que le frisson avec lequel il avait entendu sa réponse rapide et haletante.

"Mais, ma chérie, tu sais, sûrement, je veux que tu le fasses, toujours, toujours. C'est la meilleure chose après te voir.

C'était l'époque où elle n'était jamais trop occupée, trop tard, trop préoccupée pour lui parler ou le voir. Il était souvent venu à l'appartement après une longue nuit assise, et elle avait rallumé le feu pour lui et s'était assise devant lui, appuyée contre ses genoux. Bien entendu, cela était inévitable, dans la nature des choses. Mais quelque chose aurait sûrement dû venir le remplacer. Ils auraient sûrement dû se construire une demeure durable. Avaient-ils dilapidé leur capital ? Il ne leur restait plus rien ?

Il va et vient, il arpente son bureau. Elle n'est pas encore rentrée et il sait que tant qu'elle n'est pas rentrée, il lui sera impossible de dormir. Il restait allongé dans son lit, à la merci de son imagination enfiévrée. Il doit savoir d'une manière ou d'une autre. Cela fait un quart d'heure qu'il a téléphoné. Elle est peut-être de retour maintenant. Il décroche à nouveau le combiné. Il appelle à nouveau son numéro. Il y a encore une fois le long retard. Encore une fois, le somnolent : "Désolé, je ne peux obtenir aucune réponse, monsieur."

Cette fois, il ne se lève pas de sa chaise. Il sort la montre de sa poche et la pose devant lui contre le socle du téléphone. « Toutes les dix minutes, dit-il, je l'appellerai. Je saurai à quelle heure exacte elle reviendra. Je veillerai à ce qu'elle ne me mente pas. Je saurai si elle me dit la vérité ou non.

Et toutes les dix minutes, de une heure et demie à deux heures, et de deux heures à trois heures, il décroche le combiné et appelle de la même voix ferme

: « Hammerton 5769 ». Et à chaque fois, c'est le même délai et puis la même réponse. Il ne bouge pas de la chaise. Le feu est devenu une lueur sourde parmi les cendres carbonisées ; la pièce est froide. Mais il est assis là, les yeux fixés sur la trotteuse de sa montre qui ronge les minutes.

Puis soudain, une nouvelle peur lui vient. Elle était à la maison tout le temps. Elle a amené son amant avec elle et refuse d'être dérangée. Il peut les voir dans le crépuscule chaud de sa chambre, la petite lampe de table projetant à travers sa soie couvrant un éclat rose pâle sur le linge blanc des oreillers bordés de dentelle, rehaussant la beauté de son visage, alors qu'elle le tourne pour rencontrer le sien. bisous. On entend la sonnerie du téléphone dans l'autre pièce.

« Votre idiot de vieux », dit-il, et ils rient ensemble. Et il lui met les mains sur les oreilles pour qu'elle ne l'entende pas, et ses lèvres se promènent sur son visage et sur son cou. La cloche arrête de sonner, et une fois de plus ses mains sont autour d'elle et sa bouche est contre son oreille en murmurant : "Maintenant, je peux te dire encore combien je t'aime."

Il le voit avec la dure clarté de la jalousie et du désir déjoué. Il se lève rapidement, poussant sa chaise sur le côté, et avance et avance à grands pas à travers la pièce. Il y a le bruit d'une porte qui s'ouvre sur le palier, le crépitement de pieds glissés dans l'escalier, le coup de poing dans le couloir. «Entrez», dit-il. Et sa femme se tient sur le seuil.

Elle a l'air vieille, ratatinée et pathétique, avec ses cheveux clairsemés tombant sur le noir et l'or de sa longue robe de chambre en soie. Et pourtant elle est plus jeune que lui ; il se souvient qu'ils sont tous deux de vieilles choses, et naît en lui un besoin suffocant de sympathie, de bonté maternelle, de quelqu'un à qui il peut dire dans sa solitude : « Je suis fatigué ; Je suis un vieil homme : sois bon avec moi.

"Mais, ma chère," dit-elle, "je pensais que tu serais à la Maison toute la nuit."

«Je sais, je sais», dit-il, se méfiant instantanément de toute capitulation. "Ce n'était pas très intéressant, et je me suis dit : eh bien, je viens de rentrer et j'ai lu quelques minutes avant de monter."

Mais dès qu'il l'a dit, il se rend compte qu'elle ne le croit pas. Elle a entendu le fracas de sa chaise à côté du téléphone : c'est ce qui l'a réveillée ; et elle l'a entendu marcher de long en large dans la pièce, et il n'y a aucun livre ouvert sur la table ; il n'y a pas de chaise tirée devant le feu, et dans la cheminée seulement quelques charbons ternes ; pas de whisky sur la petite table ; pas de fumée de cigare ; aucun élément du cadre habituel d'une lecture du soir, et, après trente ans de mariage, une femme connaît les habitudes de son mari.

«Ma chérie», commence-t-elle. Mais il ne la laissera pas finir. Il fallait en tout cas se protéger contre la découverte et contre cette fatale faiblesse de lui-même qui le jetterait devant elle à genoux et sur sa pitié. « Tout va bien, dit-il ; « Je vais monter dans une minute. Je veux juste me calmer un peu d'abord. Je ne peux pas dormir si je suis excité. Et tu vas attraper froid, ma chérie, ici. Il ne faut pas vraiment rester dans cette robe de chambre.

Ils se regardent en face. Elle sait qu'il ment, et il sait qu'elle le sait. Mais elle a une dignité qui ne descend pas jusqu'à la vulgarité du contre-interrogatoire. "Très bien", dit-elle, et elle se retourne à nouveau, le laissant aux prises avec sa jalousie.

Et ce n'est que vers quatre heures qu'il entend enfin la voix rapide et haletante ; entend sa réponse « Bonjour ! » sur le ton désinvolte de quelqu'un qui est heureux et fatigué, et qui ne peut pas être dérangé à cette heure tardive.

"Quoi, toi!" il dit : « à ce moment-là. Où es-tu allé te balader ?

Il garde sa dignité ; il ne lui livrerait pas le secret de sa longue veillée nocturne. Le ton de sa voix lorsqu'il lui répond est tout aussi décontracté, tout aussi préoccupé . « Une longue séance à la Chambre », dit-il. « Je viens tout juste de rentrer. J'ai pensé que j'appellerais pour te dire bonsoir. »

"Et je viens tout juste d'entrer aussi."

"Vraiment!"

"Oui; une danse chez Jack, une soirée en studio, une fête joyeuse. Tout le monde était là, Sybil et Ernest, ainsi que Marjorie Cooper et Arthur Winston. Oh, et savez-vous que je crois que le ménage Forster touche à sa fin. Elle a dansé avec un autre homme toute la soirée ; plutôt drôle, n'est-ce pas, après tout ce que nous avons dit ?

Il reconnaît que c'est drôle et écoute pendant quelques instants le flux de discussions avides. "Eh bien, j'imagine que tu es fatigué", dit-il enfin. « Vous avez une matinée demain. Je ne dois pas te retenir. *À bientôt.* » Et il entend le clic du combiné à l'autre bout du fil.

Et le lendemain, ils déjeunent ensemble, et la misérable affaire recommence au début. Il n'ose pas amener les choses à un point critique ; il n'ose pas se séparer d'elle. Il n'osait pas s'en assurer, et c'est avec un amour d'homme fort qu'il l'avait conquise.

Comment est-ce que ça se finit? Si je devais essayer la nouvelle conventionnelle d'un magazine, je devrais imaginer, je suppose, un point culminant dramatique. Mais les choses se passent rarement ainsi, en réalité. Il y a une progression jusqu'à un certain point et une fin par rapport à ce point. À mesure que le printemps passe à l'été, à mesure qu'un enthousiasme diminue, un autre vient prendre sa place. Nous ne sommes jamais débarrassés de nos désirs ; on les change, c'est tout.

La vie de tous les mortels dans le baiser devrait passer,
De lèvres à lèvres tant qu'on est jeune, puis de lèvres au verre.

Et du dernier amour, comme du deuxième amour et du premier amour ; ça se passe assez calmement probablement au final. Il y aura peut-être une tournée américaine. Et à son retour, ils se retrouveront amis. Il n'y aura pas de coupure brutale, « *coupé net en pleine ardeur* ». Il y aura une pause, et pendant celle-ci, il décidera que le moment est venu pour lui de vieillir décemment. Mais de toute façon, la fin n'a pas d'importance. Le point culminant émotionnel est atteint dans cette nuit de jalousie, dans la faiblesse d'un homme fort, dans son attachement désespéré à une extase décroissante, sa lâcheté, sa détermination à connaître la vérité, son désir pitoyable d'être trompé ; et dans le ralliement de sa dignité au dernier moment, son refus d'être « gaga », de jouer le « Père Goriot ».

Et c'est parce que le point culminant d'une telle relation arrive alors, que j'ai préféré l'écrire sous la forme d'un essai plutôt que d'un récit ; une nouvelle doit se fermer sur un rideau dramatique. Et si une situation n'offre pas de rideau dramatique, il est faux d'en faire une histoire : soit ce serait une mauvaise histoire parce qu'elle n'aurait pas de point culminant, soit ce serait une histoire fausse avec la mise en lumière d'un point culminant. cela a été fabriqué et accessoire, au lieu du significatif, du moment universel, l'heure de la jalousie et du mépris de soi, l'heure où un homme fort assis devant un téléphone regarde la trotteuse ronger les minutes.

Cela pourrait cependant être fait dans un roman ; cela constituerait un admirable premier chapitre de l'histoire de la vie d'une femme : il faudrait probablement le raconter à travers les yeux de la femme ; son premier *motif* serait l'arrogance de la jeunesse alors qu'elle avance avec mépris sur l'âge. Il y aurait des années intermédiaires de troubles et de succès, puis l'histoire se retournerait sur elle-même. La femme tomberait amoureuse d'un homme plus jeune et se retrouverait, à son tour, utilisée comme tremplin vers la jeunesse. Et alors qu'elle regarde la jeunesse passer devant elle, elle saurait tout ce que son premier amant a connu et souffert.

L'amour d'une femme mûre pour un garçon est un thème assez souvent utilisé, notamment dans la fiction française, mais jamais tout à fait de cette manière, peut-être, jamais comme une clé pour déverrouiller le cœur du dernier amour d'un homme. Mais c'est peut-être un thème de femme plutôt que d'homme ; et il ne faut jamais oublier qu'à l'exception d'une douzaine de livres, les chefs-d'œuvre de la littérature en prose, et même de toute littérature et de tout art, sont l'œuvre d'une intelligence masculine. Il se peut que les romancières contemporaines soient meilleures que les romanciers masculins contemporains. Il se peut que dans les années 1980, les grands écrivains de l'après-guerre soient May Sinclair et Clemence Dane, ainsi que Rebecca West et Sheila Kaye-Smith. C'est peut-être le cas, je ne sais pas. Je douterais moi-même qu'il existe aujourd'hui une seule femme écrivain, à l'exception peut-être d'Edith Wharton, qui puisse commencer à supporter la comparaison avec Thomas Hardy et George Moore, avec Cavell, avec Conrad, avec Max Beerbohm, avec Galsworthy et avec de la Mare. Mais on hésite à dogmatiser sur les écrivains vivants. Cela, au moins, c'est sûr. Depuis des centaines d'années, des tableaux ont été peints, de la poésie écrite et des histoires racontées. Il y a eu quelques écrivains de génie, et de nombreux peintres, poètes et musiciens de grand talent. Il y a eu une ou deux poétesses mineures, ainsi que Jane Austen, George Eliot et George Sand. Les femmes ont inspiré des livres, mais les hommes les ont écrits, les ont écrits, peut-être, je le pense parfois, principalement dans le but de donner du plaisir à la femme, de se rendre attirants à ses yeux. Le singe et le sauvage antillais font du malheur à son compagnon avec des danses, des ornements et des parades. Le baron médiéval a institué des tournois et des démonstrations de force et de courage. L'art est le vêtement raffiné dont l'homme civilisé se pare devant une femme. Et c'est peut-être parce que les femmes n'ont pas besoin d'un tel artifice que leurs contributions au musée de l'art mondial ont été si informelles et si impondérables.

Je crois que de telles excuses ont déjà été faites auparavant , et je suis à moitié enclin à penser que c'est George Moore qui les a faites. Il a certainement dit quelque part que le service le plus précieux que l'art ait rendu à la vie était d'exalter un instinct en révélation, de revêtir magnifiquement l'amour. Et qu'il ait ou non souligné le fait qu'il s'agissait d'une réalisation masculine, c'est un point qui ne doit certainement pas être négligé par la critique de la littérature en prose. Car c'est de cela qu'il s'agit : les thèmes des grandes histoires du monde sont masculins. Et seuls les jeunes peuvent écrire honnêtement et de manière convaincante malgré leur âge.

Nous sommes toujours sous le charme de ce qui est éloigné de nous. Depuis l'esclavage du mariage, nous surveillons les ravissements de l'amour libre. Et de la tromperie, des évasions, de la préméditation d'une intrigue, nous tournons nos regards vers le pâturage décent du mariage. L'émeute est aussi réelle pour les vertueux que la vertu pour les tumultueux. C'est l'expérience qui attire l'innocence. Et si un jeune homme veut écrire sur son dernier amour, il a, dans l'amour d'une femme mûre, la situation à sa portée. Il n'a pas besoin de chercher plus loin ; c'est ainsi que lui est contée l'histoire de la jeunesse et de l'âge mûr. S'il voulait écrire sur la vieillesse d'un homme, aller au-delà de la maturité, il choisirait quelque Père Goriot, quelque aspect de la sénilité lésée, quelque Fouan ou le Roi Lear. Et au moment où il atteint lui-même la cinquantaine, au moment où il atteint cette frontière, le thème de la vieillesse devient, parce qu'il n'en est plus éloigné, peu attrayant. Le romancier vieillissant revient à la jeunesse, aux premiers amours et aux ravissements du printemps. Dans « The Man of Property », Galsworthy a raconté l'histoire d'une passion mature et dévastatrice ; il était alors à ce point d'équilibre dont parlait Shakespeare. Mais l'amour de la maturité et l'amour de la cinquantaine pour la jeunesse avaient, lorsqu'il parvint à achever la Saga, cessé de l'attirer. L'amour de Jolyon pour Irène ne nous est jamais actuel ; mais du premier amour, de Val et Holly, de Jon et Fleur ; des hésitations, de l'aveuglement, du ravissement de l'amour naissant, il écrit comme peu d'écrits, à l'exception de Tourgueniev, n'ont jamais écrit.

La jeunesse ne signifie rien pour nous quand nous sommes jeunes. C'est de l'or que nous dépensons librement. Nous le dépassons vers l'avenir. Aujourd'hui nous est aussi indifférent qu'hier. Nous avons décidé d'écrire un livre et nous ne savons pas avant de l'avoir terminé ce que nous voulions dire. Nous avons perdu tout intérêt pour notre livre bien avant d'avoir corrigé la preuve finale. Nous travaillons déjà sur quelque chose de nouveau. Nous prenons à peine le temps de lire les critiques du livre que nous avons remis avec tant d'enthousiasme à notre éditeur six mois plus tôt. Qu'importe ce qu'ils disent de ce livre. Nous l'avons dépassé. Cela fait partie de notre moi mort. Nous vivons demain. Les gens viennent et disent : « Nous aimons votre dernier livre », ou « Nous ne pensons pas que votre héroïne serait tombée amoureuse de ce genre d'homme », ou « Pensez-vous qu'il se serait vraiment comporté comme que?" Et nous sourions et nous disons : « Peut-être ». Mais nous pensons à la nouvelle histoire qui se dessine dans notre cerveau, à la nouvelle histoire pour laquelle nous avons déjà préparé une série de carnets flambant neufs. Je suis toujours surpris quand je trouve un écrivain de moins de quarante ans véritablement déprimé par ses critiques. Il doit sûrement savoir, je pense, que tout cela n'est que son apprentissage, qu'il apprend à écrire et qu'un public généreux finance son éducation. Il n'a pas encore commencé.

Et ce livre dont j'écris actuellement les dernières pages : je suis descendu à l'Albany, à Hastings, pendant une semaine pour le terminer. Depuis cinq jours, je n'ai presque parlé à personne, sinon au garçon et à la jeune fille qui m'apporte mon eau de rasage et me prépare mon bain le matin. Je me suis enfermé toute la journée dans ma chambre à écrire. J'ai apprécié son écriture plus, je pense, que celle de n'importe lequel de mes autres livres. Mais déjà, avant même qu'il soit terminé, il commence à appartenir au passé. Je vis déjà demain. Je pense au soulagement que je ressentirai samedi en attrapant le 8h30 pour Charing Cross : je joue au football contre les Exiles. Je n'aurai rien en tête comme la semaine dernière qui puisse gâcher le plaisir du match. Je n'aurai pas ensuite à m'enfuir pour prendre un train de bonne heure. J'irai avec le reste de l'équipe chez de Hem's, et nous danserons notre danse à Dansey Yard, et nous porterons un toast à notre victoire dans des pintes de bière tiède, et à onze heures, nous sentirons le monde être très endroit convivial. Et lundi matin, je retournerai au bureau, et vers onze heures, Douglas Goldring viendra avec le dernier scandale des clubs de 1917 et une enquête sur les ventes de son nouveau roman ; mais je serai pour une fois indifférent au scandale des clubs de 1917. Je lui dirai que depuis qu'il m'a vu pour la dernière fois, j'ai écrit 20 000 mots, et que d'ici un mois je ne compte pas prendre la plume, et nous discuterons avec quels vins nous allons pour accroître notre plaisir vendredi de *Polly* au Kingway. Et le soir, en remontant North End Road, je remarquerai les premiers signes de feuilles bourgeonnantes, annonciateurs du printemps et du soleil, et des longues journées de juin. «Le cricket arrive», me dirai-je. Le dernier Test Match en Afrique du Sud est terminé ; seulement un autre mois de football. Il est grand temps que je pense à mettre un peu d'huile sur mes vieilles chauves-souris. Et maintenant que mon livre est terminé, le cricket de ma saison, je me le rappelle, ne sera pas harcelé par les soucis financiers. Je jouerai trois fois par semaine, et le quatrième, je m'assiérai chez Lord's dans la galerie supérieure du pavillon et regarderai Hearne et Hendren accumuler encore un double siècle sur leur liste de partenariats de troisième guichet.

Et quand l'été est fini et encore une fois à la mi-septembre, je retire de son étagère mon maillot rouge et blanc et mes bottes cloutées ; quand ces pages seront chez les libraires et les critiques, je travaillerai dur à un autre livre, et, on l'espère, moins indigne. Aujourd'hui sera aussi mort alors qu'hier l'est maintenant. Je serai naturellement déçu si les gens n'aiment pas mon livre ; mais je n'aurai pas le cœur brisé. Il y a beaucoup de temps.

Mais je sais aussi que dans quarante ans, quand le cap sera atteint, quand j'aurai définitivement tourné le dos à l'avenir, à l'avenir ennuyeux, sans intérêt, sans romantisme ; l'avenir qui ne peut m'apporter rien de nouveau — quand je suis parti pour mon deuxième voyage dans l'inconnu, mon voyage « *à la recherche du temps perdu* » ; quand j'essaierai de recréer le passé à travers une série infinie d'associations ; l'odeur de pierre mouillée qui me rappellera les cloîtres et les hauts murs des jardins de Sherborne ; le goût du cacao qui me rappellera la dépression des dimanches soirs de l'automne 1915 et du printemps 1916, lorsqu'après un dîner matinal et une tasse de cacao je partais avec mon père prendre le dernier train d'Euston pour rentrer à camp; le son de la musique de danse, de « The Sheik » et « Honolulu Eyes » ; le hasard aperçoit, à travers une portière d'une église à tour carrée, l'apparition soudaine du soleil sur de vieilles pierres ; quand, à travers la mémoire associée du goût, de la vue, de l'odorat et des sens, je recomposerai cette image de tout ce que ma vie a été et n'est pas ; alors je sais que je retirerai des étagères les livres que j'ai écrits au début des années vingt, et qu'ils auront pour moi une signification qu'ils n'ont jamais eue pour moi auparavant et qu'ils ne peuvent avoir pour personne d'autre. Ils seront le bêche avec lequel je déterrerai le passé.

Je ne sais pas à quoi ressemblera ce vieil homme qui, dans quarante ans, les lira ; que lui restera-t-il de la chose que j'imagine désormais être moi-même. Je ne sais pas s'il sera triste ou heureux, marié ou célibataire, riche ou pauvre, seul ou lié d'amitié. Je ne sais quels torts les années pourront lui faire, ni quelles récompenses lui apporteront. Je suis le seul à le savoir : peu importe ce qu'il partage, il ne se séparera jamais des livres qu'il a écrits. Et tandis qu'il tourne ces pages, à la tombée de la nuit, devant son feu, il retrouvera ici la vigueur, l'agitation et la confiance de vingt-cinq ans.

www.ingramcontent.com/pod-product-compliance
Lightning Source LLC
Chambersburg PA
CBHW051447130726
47987CB00005B/2216